novum premium

Stefanie Eichler

Botschaften
Übergang in eine neue Zeit

Der Aufstieg beginnt 2020

novum premium

Bibliografische Information
der Deutschen Nationalbibliothek:

Die Deutsche Nationalbibliothek
verzeichnet diese Publikation in
der Deutschen Nationalbibliografie.
Detaillierte bibliografische Daten
sind im Internet über
http://www.d-nb.de abrufbar.

ISBN 978-3-99130-086-1
Lektorat: Mag. Eva Reisinger
Umschlagfotos: Aitthiphong
Khongthong, Igor Havlovic,
Maxym022 | Dreamstime.com
Umschlaggestaltung, Layout & Satz:
novum Verlag

Gedruckt in der Europäischen Union
auf umweltfreundlichem, chlor- und
säurefrei gebleichtem Papier.

www.novumverlag.com

*„Du bist etwas ganz Besonderes.
Wenn du mit den Energien dieses Buches in Resonanz gehst,
bist DU gerufen.*

*Das Buch ist für DICH geschrieben, denn du bekommst
Botschaften und wichtige Hinweise für deinen Aufstieg.“*

Inhaltsverzeichnis

Die Botschaften dieses Buches widme ich jedem
einzelnen Menschen dieser Erde.
Sie sind ein Geschenk der geistigen Welt an DICH.
Mögest du in höchstem Maße Begleitung, Führung und
Unterstützung durch sie erfahren und
immer genau die Hilfe bekommen, die du brauchst.
Das ist mein Anliegen und mein Wunsch für
DICH.

Ich danke dir für dein Sein.
Du bist wichtig in dieser Zeit des großen Wandels.
Du wirst gebraucht!

Deine Welten-Wanderin
Stefanie Eichler

PROLOG

Ich heiße dich herzlich willkommen und begrüße dich in der „neuen Zeit“!

Magst du dich mir anschließen und mich auf diesem ganz neuen und besonderen Pfad der Erkenntnis und des Seins begleiten? Dieser Pfad ist noch so schmal, so neu, so frisch und so unausgetreten, wie er ebenfalls schon breit und ausgetreten, und für DICH vorbereitet ist.

Blickst du nach vorne, wird er zu einem breiten, wunderschönen und bunten Weg mit vielen weiteren Abzweigungen, unterschiedlichen, fremden und noch unentdeckten Landschaften und neuen Möglichkeiten. Es sind bahnbrechende Möglichkeiten, die deine kühnste Vorstellungskraft sprengen werden.

Wenn du dich auf diesem Pfad befindest, hattest du den Mut, zu vertrauen und den Mut, eine Entscheidung zu treffen. Und genau diese Entscheidung ist DEIN goldener Schlüssel ... DEINE persönliche „Eintrittskarte“ für den Reiseantritt ohne Wiederkehr. Es ist die Reise in eine neue Welt und DU ganz alleine darfst bestimmen, wie du sie haben möchtest und erleben wirst.

In diesem Buch werde ich dir erzählen, wie ich den Beginn der Reise in die 5. Dimension im COVID19-Jahr 2020 wahrgenommen habe. Vielleicht findest du Parallelen und vielleicht konntest du für dich andere Beobachtungen machen.

Die Geschichte der Entstehung

Die Geschichte, wie es überhaupt zu diesem Buch kam, war schon sehr magisch. Denn irgendwie kam ich zum Buch wie die Mutter zum Kind. Es geschah einfach und ganz ohne Planung.

Es war gegen Herbst 2020, als ich wie abhängig und gebannt an den Lippen einiger ausgesuchter Medien im Internet hing, um Neuigkeiten über den Stand des „Nadelöhrs" und des Aufstiegs zu erfahren, als mein Körper- und Nervensystem plötzlich komplett überlastet waren. Auf einmal war mir alles zu viel, zu eng und zu massiv und ich fühlte mich außer Stande, weiterhin dem Informationsfluss der Medien in Bezug auf den Aufstieg zu folgen. Alles in mir klappte zusammen, wie ein Taschenmesser. Ich brauchte dringend Ruhe. Aber oh je, was sollte ich tun? Ich wollte doch alles mitbekommen und an vorderster Front mitschwimmen. So verband ich mich mit der geistigen Welt und bat um Rat und Hilfe. Ihre Worte an mich waren klar, laut und fast eindringlich:

*„Warum musst du andere um Informationen bitten ...
du kannst das doch selbst!"*

Am 29. Oktober 2020 stand ich wie automatisiert um 5 Uhr morgens auf und setzte mich mit einem Kaffee ausgestattet (dabei bin ich eingefleischter Teetrinker gewesen – zumindest war ich es bis dahin) hin und begann spielerisch damit, in mich hineinzufühlen, was ich für den Tag an Energien wahrnahm. Ich schrieb einfach auf, was ich sah, fühlte und an sonstigen Impulsen empfing. Es hing ja nichts davon ab und so floss es ganz von alleine. Es war ganz schlicht ein Gespräch zwischen der geistigen Welt und mir. Und was soll ich sagen, es machte mir einen riesengroßen Spaß. Die intensive Anbindung an die geistige Welt bot mir selbst einen riesengroßen Halt und hüllte mich in Gefühle der absoluten Sicherheit und Gewissheit ein.

Die Geburtsstunde des medialen Schreib-Channelns war bei mir eingeleitet worden. Und so konnte ich mich selbst dabei beobachten, wie sich die Art und Weise des Schreibens immer weiter verändert und entwickelt hat. Mir wurde sofort klar, dass ich die Menschen – mit meinen, ich nannte sie zunächst *Tages-Impulse der Energien* – erreichen sollte, und dass bei weitem mehr hinter dem Geschriebenen stand als bloße zeitgeschichtliche Tagebuch-Eintragungen für mich selbst. So wuchs ich mit meinen Aufgaben. Ich entwickelte den großen Mut, meine Tages-Impulse öffentlich zu machen und das Feedback gab mir das Vertrauen, die Motivation und die Bestätigung, damit fortzufahren. Plötzlich war ich selbst zu einem Menschen geworden, der Botschaften weitergab und Führung in Zeiten großer Herausforderung bot.

Wenn ich morgens Kaffee trinkend in der Küche saß und mich mit der geistigen Welt verband, geschah das zunächst mit meinem Geistführer aus der 5. Dimension. Es vergingen nur wenige Tage bis ich merkte, dass ich mit immer höheren und feineren Energien verbunden wurde, um die Botschaften zu empfangen. Es war also keine feste Wesenheit, mit der ich mich zu einem Pläuschchen auf geistiger Ebene traf, sondern unterschiedliche Licht-Wesen aus unterschiedlichen Sphären und Bereichen. Unter ihnen waren Schutzengel, Geistführer, Erzengel, Mutter Erde, Wesen aus der Erde, Sternengeschwister, der Licht-Rat und Gott selbst.

Ich konnte förmlich spüren, wie ich sanft „eingearbeitet" wurde. Zunächst begann es mit einer medialen Wahrnehmung, bis dann für mich sehr klar erkennbar fremde Worte gesprochen und detaillierte Botschaften übermittelt wurden. Was ich lediglich brauchte, waren meine Hellsinne und mein Herz zu öffnen und schon flossen Gefühle, Bilder und Worte.

Mehr als nur Worte

Lies dieses Buch nicht nur mit deinen Augen, sondern empfange die unsichtbaren Botschaften zwischen und hinter den Worten. Jede Durchsage enthält unterschiedliche Energieerhöhungen und Bewusstseinsöffnungen als Geschenk für dich. Mache dein Herz weit und schicke dein Tagesbewusstsein für einen Augenblick in Urlaub.

Wenn du deine Sinne vollständig öffnest, kannst du jedes Geschenk empfangen und es werden bei jedem erneuten Lesen neue Botschaften zu dir dringen. Vielleicht entstehen dabei in dir besondere Wahrnehmungen in Form von Bildern … von Farben … von Gefühlen … von Gerüchen … von Klängen und auch eine neue Wahrnehmung von dir selbst oder von Gott. Wenn ich von Gott spreche, erwähle du bitte deine eigene Bezeichnung der höchsten und reinsten Ursprungs-Bewusstseins-Energie. Als ich die einzelnen Botschaften niederschrieb, wurde ich nur so von Energien durchflutet und umhüllt. Nimm dir also Zeit beim Lesen, damit jede noch so kleine Energiefrequenz auch bei dir ankommen kann. Tauche ein in jede meiner Wahrnehmungen und in jedes Bild, das mir die geistige Welt gab. Dieses Buch entstand für DICH … denn DU hältst gerade das Buch in deinen Händen. Öffne deine Kanäle und du wirst empfangen.

Lasse deine eigenen Bilder, deine eigenen Farben und Formen und deine eigenen Wahrnehmungen fließen. Meine Worte dienen lediglich deiner Inspiration. Meine Aufgabe ist es, dich zu öffnen, wenn du es zulassen möchtest. Die Botschaften sind Wahrnehmungsmöglichkeiten … schmücke sie für dich weiter aus. Beginne mit ihnen zu spielen … durchlebe sie und führe sie weiter für dich fort. Hauche jedem Bild und Gefühl neues Leben ein. Jede Farbe erfülle mit noch mehr Glanz, mit noch mehr Zauber und mit noch mehr Magie.

Die geistige Welt möchte dir helfen, Mut und Kraft zu tanken und dich zu stärken. Sie möchte dich motivieren und dir sagen, dass du nicht alleine bist und jede Unterstützung bekommst, die du für deinen eigenen, individuellen Aufstieg brauchst. Ergreife die Hand, die sie dir reicht, und fliege mit ihr hinein in die neue Zeit.

Worum geht es hinter den Zeilen dieser Botschaften?
Es geht um deine persönliche Öffnung der Selbstfindung und Reflexion. Die Zeit hat eine neue und sehr besondere Qualität bekommen und lädt dich ein, neue Entdeckungswege einzuschlagen.

Die geistige Welt öffnet DEINE Tür zu einer neuen Welt und begrüßt dich mit offenen Armen. Ja, sie steht Spalier für DICH. Du durchreitest hierbei einen mit Rosenblättern ausgeschmückten Weg der Wertschätzung, Achtung, Dankbarkeit und unendlicher Liebe. Unter ihnen sind auch deine Schutz- und Begleitengel, deine Geistführer, aufgestiegene Meister, engste Vertraute aus dem Bereich der Verstorbenen und eine große Anzahl der unterschiedlichsten Wesen aus dem Reich der Erde und dem ganzen Multiversum. Und ja, es sind wirklich SEHR viele!
Sie lachen dich an … applaudieren dir zu und strecken ihre Hände nach dir aus, um dich zu berühren. Sie freuen sich so sehr, dass du auf diesem Weg bist. Auf DEINEM Weg.
Und jetzt richten sie das Wort alleine an DICH:

„Wir empfangen dich mit den wärmsten Gefühlen der Liebe und können wahrlich sagen:

Wir haben schon SEHR lange auf DICH gewartet!

Und auch, wenn es in unserer Realität keinerlei Zeit gibt, war der Zeitraum unseres Wartens auf dich bis zu diesem Moment wirklich sehr lang. Jetzt bist du da und unsere Freude darüber ist in der Tat unermesslich. Deine Seele … das, was du in deinem wahren Kern BIST, ist auch ein Teil von uns … in einer allumfassenden, potenzierten Form dessen, was du Gott nennst. Wir kennen dich … wir fühlen dich und wir

gehen gemeinsam mit dir diesen großartigen Schritt hinein in die neue Welt … hinein in deine neue Realität.
Der Weg, den du gehst, ist ein Weg voller Herausforderungen und gefühlter Hindernisse. Wir wissen, dass du dich vor so mancher Hürde fragen wirst, ob du es schaffst. Bitte sei dir gewiss:
Du wirst es schaffen. Wir glauben an dich, weil wir wissen, was alles in dir steckt. Du bist so weit gekommen auf deinem Weg durch die Dunkelheit und hast es bis zum Licht geschafft. Es ist für dich kaum vorstellbar, was für eine große Aufgabe du bewältigt hast. WIR sehen DAS.

Empfange unsere Hilfe, wenn du es möchtest. Wir sind immer für dich da! Nimm' folgende Worte in dein Reisegepäck für die nächsten Dimensionen mit:

Öffne dich für deine Erinnerung.
Erkenne und finde dich NEU!
Werde und SEI der Mensch, der du schon immer sein wolltest.
Wachse und denke über dich hinaus.
Lerne um die Ecke zu fühlen.
Bleibe in jedem Augenblick ganz bei dir selbst.
Habe den Mut, ein grenzenloses Leben zu leben.
Erfinde dich neu … entdecke dein Potenzial und SEI die Weite und das Licht, das du BIST.

Wir werden dir helfen, deinen bereits vollendet geschliffenen Diamanten, der du BIST, zu erkennen und zu leben. Bist du bereit, dich daran zu erinnern, was du bist? Dann kommen wir mit dir und stärken dir den Rücken für dein neues Wachstum.
DU bist der Mittelpunkt deines eigenen Universums … DU alleine!

Empfange das Wissen, welches bereits in dir angelegt IST. Alles ist bereits DA."

Was kannst du durch das Buch erfahren?

WUNDER … unendlich viele Wunder. Warum ich mir da so sicher bin? Weil ich den Verlauf der Zukunftsgeschichte gesehen habe. Zumindest einen von vielen, denn mit dem Eintritt in die 5. Dimension verlaufen parallele Realitätsebenen. Und eine dieser möglichen Realitätsebenen erschaffst du selbst.

Viel mehr möchte ich dir gar nicht verraten, den sonst würde ich in deine Möglichkeitsspielräume eingreifen. Dieses Buch hilft dir, dich selbst im Wandel der Dimensionen zu erkennen … dich neu zu verstehen … dich zu hinterfragen und selbst zu reflektieren. Du begreifst, wo du derzeit in deinem Leben stehst, und erfährst eine Handreichung der geistigen Welt, in Form von auf DICH zugeschnittenen Energieerhöhungen und Bewusstseinserweiterungen.
Dir steht die neue Welt – welche du auch immer für dich erwählt hast – zur vollen Verfügung. Mit der Energie dieses Buch wirst du neu geboren. Geboren aus einem einzelnen, sehr begrenzten Individuum heraus, hin zu einem neuen, standhaften und selbstbewussten Bewusstsein, das sich in einer Form neuer Individualität ins große Ganze einfügt. Dieses Buch öffnet dir DEINE Wege. Alleine das bewusste Lesen wird dich in deinen Aufstieg führen, wenn DU dich dafür entschieden hast.

Den Rest empfange voller Vertrauen, voller Hingabe und voller Dankbarkeit. Der Wandel wird geschehen. Es kann gar nicht anders sein. Niemand wird sich ihm entziehen können.

Ich wünsche dir …
Das Größte, das Höchste, das Schönste und das Herrlichste, das es jemals gegeben hat. Wachse an dir selbst und über dich selbst hinaus.

Dieses Buch ist …

… eine dokumentierte Beschreibung der energetischen Zeitqualität durch das menschliche Nadelöhr des Aufstiegs-Beginns im COVID19-Jahr 2020. Das Material dieses Buches ist original und unverändert und umfasst jede einzelne Botschaft, die ich empfangen habe. Nicht mehr und auch nicht weniger. Das klingt jetzt erst einmal ziemlich unspektakulär und doch öffnet es Türen zur neuen Welt in 5D+.
Nein, es öffnen sich keine Türen, sondern Portale. Aber … durchschreite und erlebe sie selbst … Die Energien bäumen sich auf.
Ich wünsche dir den größten Segen hierfür. Herzlich willkommen in der neuen Zeit!

Doch … bevor du jetzt weiterliest, halte kurz inne.

Warum dieses Buch auf eine besondere Art gelesen werden möchte

Dieses Buch ist ein magisches Buch. Lies es nicht mit dem Verstand, sondern mit deinem Herzen und sei offen, alle Energien zu empfangen. Öffne dein Herz und mache es weit.

Habe Zeit und Raum zum Erfühlen … zum Verstehen … und zum Verinnerlichen. Dann sei bereit.

Mache es dir gemütlich und zelebriere jede Botschaft, wie ein persönliches Treffen mit der geistigen Welt.

Spüre gut in dich hinein, wieviel an Energie du für jeden Moment des Lesens vertragen kannst. Vielleicht möchtest du das Buch immer mal wieder zur Seite legen, damit dein System die neuen Informationen integrieren kann. Dein Körper wird dich führen.

Das Buch ist vielseitig einsetzbar – nutze seine Möglichkeit für deine Entwicklung weise und bedacht. Wenn ich von der „Magie“ im Buch spreche, möchte sie dir selbst ein Bild von sich zum neutralen Betrachten geben (daher in der 3. Person formuliert):

„MAGIE trägt eine sich ständig verändernde Energie in sich. Sie ist wandelbar und immer in Bewegung. Sie verändert ihr Aussehen in Form, Art, Farbe und Struktur. Sie verändert ihren Geruch, ihren Klang und ihren Aufbau. „Magie“ verändert ihre Aussagekraft, ihre Absicht und Flexibilität und hinterlässt bei jedem Eintauchen in sie einen anderen Fingerabdruck … eine andere Signatur. Jedes Mal …
Daher ist – egal, wie oft du eine einzelne Botschaft liest – eine neue und auf DICH angepasste Energie in ihr enthalten. Nicht du findest die Botschaft hinter den Zeilen, sondern die Botschaft hinter den Zeilen findet DICH. Und sie wird in Dosierung und Frequenz für dich perfekt angepasst sein.
„Magie“ ist wie das Durchschreiten eines Labyrinthes. Durchgänge öffnen oder verschließen sich, wie von Zauberhand. Mal erhältst du Durchlass und dann wird dir ein Weg versperrt. „Magie“ besitzt ein eigenes Bewusstsein … ein göttliches Bewusstsein … „Magie“ lebt. Daher wirst du sie immer neu und anders wahrnehmen. Sie ist niemals identisch, weil auch sie sich entwickelt. „Magie“ dehnt sich aus, wie das Universum, zieht sich wieder zusammen und gestaltet sich neu. Immer an einer anderen Stelle und niemals doppelt. Alles in ihr ist individuell.

Fühle dich eingeladen, DEINE eigene „Magie“ beim Lesen zu erschaffen. Sie entsteht durch innere Bilder, durch Gefühle und Emotionen. Hieraus bilden sich Manifestationen, die aus einer alltäglichen Synchronizität aller Energien heraus geboren werden. Wie Sternenstaub, der neue Materie im Universum entstehen lässt.“

(Jetzt möchte dich die „Magie“ persönlich ansprechen.)
„Ich selbst stelle dir jede nur denkbare und mögliche Form der Magie zur Verfügung. Spiele mit mir … experimentiere mit mir. Tauche in mich ein und lasse uns miteinander verschmelzen. Du wirst mich fühlen können. Ich bin ein großer Bestandteil allen Seins und nichts kann ohne mich existieren. Denn durch mich geschehen augenblicklich

*für dich (noch) unvorstellbare Manifestationen ... das, was du **Wunder** nennst. Integriere mich in dein Leben, wenn du dich dazu aufgerufen fühlst.“*

Welche Anwendungsmöglichkeiten möchte dir das Buch selbst empfehlen?

- Lies immer nur **eine** Botschaft und gehe mit ihr „schwanger“ – lebe jede Botschaft.
- Jede Botschaft wirkt wie Orakel-Karten.
- Das Buch trägt in jedem Augenblick die für dich passende Energie in sich.
- Halte es einfach in den Händen oder lege es unter dein Kopfkissen.
- Du kannst dein Wasser-Glas daraufstellen und die für dich aktuell perfekte Energie trinken.
- Das Buch energetisiert und schützt. Trage es so oft bei dir, wie es dir gut tut.
- Die Energien helfen dir, eine sehr hohe und intensive Verbindung zur geistigen Welt aufzubauen.
- Stelle dir Fragen zur Botschaft ... arbeite mit ihr ... bitte deine geistige Führung um Unterstützung des Verstehens.

Lasse die Energien einer jeden Botschaft wie ein Geschenk in dich hineinfließen und denke an die Worte, die dir als Willkommensgruß mitgeteilt wurden. Die Worte, die wie das Durchschreiten eines großen Tors in die andere, neue Welt sind:

„Wir haben sehr lange auf dich gewartet!“

BOTSCHAFTEN

Schachbrett – Zeit für Entscheidungen

Botschaft vom 29.10.20

Was nehme ich heute Morgen wahr?
Die Energien fühlen sich eckig und kantig an … resolut … chaotisch … rau… Fast als gäbe es nur die Farben Schwarz oder Weiß … ein Schachbrettspiel mit Regeln und wer nicht aufpasst, fliegt vom Spielfeld.

ABER … außerhalb des Spielfeldes fühle ich etwas äußerst Sanftes … wie eine aufgehende Sonne. Sie bringt ihren Liebreiz in den frühen Morgen mit zarter Wärme … liebkosend, einhüllend und fast schon zärtlich streichelnd und umsorgend. Ich rieche Blumen, Leben, Fülle und unendliche Freiheit. Diese Energien lassen genießerisch lächeln und machen dankbar … schenken Farben und Freude.

Der Himmel hängt voll mit Entscheidungen. Es sind individuelle, persönliche Entscheidungen und sie haben mit dem Spielfeld des Schachbretts zu tun. Ich sehe es wie Türen, die sich öffnen und schließen. Die Menschen öffnen und schließen sie mit ihren Gedanken selbst. Hinter den Türen ist das Licht, die Wärme und die Liebe. Ich sehe Hände, die der Sonne entgegenflehen und doch öffnen sich die Türen nicht – aus Angst … der Angst, loslassen zu müssen und in einen Abgrund zu fallen.

ABER … das wird nur geglaubt … es stimmt nicht. Es ist eine Illusion aufgrund der Ängste. Die Türen der Sonne in den neuen Morgen zu öffnen bedeutete, alte Lebenswege, alte Gewohnheiten und alte Gedankenstrukturen zu verlassen. Aber es kommen neue.

Die geistige Welt steht bereit. In diesem Augenblick sehe ich sie, wie ein großes Lazarett, in dem Wunden versorgt werden und Krankes geheilt wird. Die Tür selbst ist wie ein Lazarett. Es ist nicht nur eine Entscheidung, sondern auch wie ein Portal. Wer den Mut hat, durch die Tür zu gehen, bekommt sofort jede Hilfe und jede Begleitung, die gebraucht wird. Fast wie das Bereitstellen eines persönlichen Aufstiegshelfers in die 5. Dimension. Bei einigen geht es auch bereits in höhere Dimensionen, die in die 6. und 7. Dimension führen. Hier sehe ich viele Möglichkeiten und alles ist freiwillig.

Die Energie heute erscheint mir hart und gnadenlos … fast unerbittlich.
Umso wichtiger ist es, bei sich zu bleiben, so gut es geht … in die Freude zu kommen … sich zu verwöhnen … die unbändige Kraft in sich zu finden und zu wissen, dass alles gut und richtig ist. SEI DAS LICHT und jede Dunkelheit der Angst löst sich auf.

Puzzle – Eine neue Gebrauchsanweisung für das Leben

Botschaft vom 30.10.20

Ich wachte auf und spürte tiefe Ruhe in mir. Sie war sanft, leise und reinigend, wie ein warmer Regen. Und doch fühle ich jetzt zeitgleich so viel Unruhe und Beunruhigung … ich fühle Angst und wortlose Energien, die wild durcheinanderwirbeln. Sie sind bunt, feurig und verletzend, aber sie sind wie „draußen" … so wie … „weiter weg". Was soll das bedeuten?

In einer Zeit des massiven Umbruchs und des Chaos strahlt der heutige Vollmond herab. Er bringt Licht und dieses Licht trägt für mich Wissen in sich und Informationen. Es zeigt kleine Details und hält Botschaften für jeden bereit, der offen ist. Kleine Details, die Großes nach sich ziehen.
Ich sehe Menschen umhergehen … fast wie nach einem Kriegsangriff. Einige lächeln und gehen unbeirrt durch die zerstörten Straßen, so, als existierten sie nicht. So, als wäre alles in bester, alter Ordnung. Und andere Menschen sitzen verzweifelt auf dem dreckigen Boden und versuchen mit zitternden Händen, Puzzleteile in ein Puzzle zu setzen, die eigentlich passen müssten und doch tun sie es nicht mehr. Die alte Ordnung stimmt nicht mehr. Sie versuchen sich so lange und immer wieder an dem Puzzle. Sie wissen doch eigentlich ganz genau, wo welches Teil hineinpasst und doch funktioniert es nicht mehr. Es kommt Wut auf … die Gedanken, der Verstand und das Ego rasen. Unsicherheit entsteht, ob man zu blöd ist, ein einfaches Puzzle zu vervollständigen – es wurde doch millionen Mal zusammengesetzt – und zuletzt Resignation … etwas hat keine Lust mehr auf ein bekanntes Spiel, das nicht mehr funktioniert.

Und jetzt wird es heller … einige von den Puzzlern versuchen neue Techniken und Strategien und versuchen einfach ohne Sinn und Verstand, Teile, die die gleichen Farben haben, zusammenzusetzen … andere Puzzler werden in ihrem Tun intuitiv und

JAAAAAAAAAAAAAAAAA … immer mal wieder fügt sich wie von Zauberhand ein Teil ins Puzzle ein – jedoch ohne ersichtlichen Grund. Ich sehe die ersten lächelnden Gesichter. Sie begreifen nicht, WARUM und WAS jetzt anders ist, aber sie merken, dass das alte System nicht mehr funktioniert. Sie haben sich geöffnet für etwas Neues, das nicht erkennbar geschweige denn erklärbar ist, und es funktioniert. Sie sind verwirrt, aber glücklich, weil sich gerade so etwas wie ein Nebel gelüftet hat. Wieder wird der Verstand eingesetzt, Altes ausprobiert, und der Versuch scheitert. Ja, die alten Gewohnheiten abzulegen, die immer funktioniert haben, das ist nicht einfach. So schnell wird wieder in alte Muster gefallen. Und so wird weiter experimentiert und ausprobiert.

Es sind „neue Gebrauchsanweisungen" für das Leben geschrieben worden. Aber die neuen Gebrauchsanweisungen sind leer. Jetzt stehen keine langen Texte mehr drin. Wer sie in der Hand hält weiß aber, was sich hinter ihren unsichtbaren Worten verbirgt. Denn sie sagen:

„Gehe unbeirrt deinen Weg weiter … bleibe ganz bei dir und erwarte das Unerwartete, aber auf eine ganz neue und andere Art und Weise. Sei Liebe und bleibe bei dir, sei mutig und habe Vertrauen! Es kann dir auf deinem Weg nichts passieren, denn du wirst neu geführt. Auch wenn du nicht weißt, wohin die Reise geht.
So, als wachtest du in einem neuen fernen Land auf, das dir fremd ist. Sei jetzt wie ein kleines Kind und erkunde die neue Heimat. Sei neugierig und voller Freude. Sei spielerisch und teste dich aus. DENN dieses neue Land hat neue Spielregeln und hält Dinge für dich bereit, die du noch nicht einmal kennst. ABER DU bist es selbst, der diese Dinge erschaffen und erfinden muss. Verlasse dich nicht mehr auf Altgewohntes."

Ich sehe viel Neues durchbrechen … und bekomme wieder ein Bild, das ich bereits gestern sah:
Ich sehe die Menschen als Lichter. Diese Lichter sind alle andersfarbig. Die Auren der Menschen erstrahlen wie in neuen Lichtern und Farben. Die Aura sieht nicht mehr so aus, wie sie

es mal getan hat. Von ihnen strahlt jetzt etwas ganz Besonderes aus. Ich empfinde es wie eine Art Signifikanz … wie eine Art energetischer Name. Seine Energie wird über die äußere Hülle der Aura weit hinausgestrahlt, wie ein Leuchtturmlicht in der Nacht, nur dass es dauerhaft brennt.
Ich empfinde die Farben von kraftvoll und in sich stark und undurchsichtig, bis gleichzeitig als kristallin transparent. Die meisten Farben sind in sich mit anderen gemischt … manche glitzern golden, andere silbrig, türkis, blau oder in einem fluoreszierenden Weiß. Absolut keine gleicht der andern. Es ist keine Farbe dabei, die es nicht gäbe und es sind neue Farben hinzugekommen.

Die Bitte, die ich dabei intensiv fühlen kann von der geistigen Welt, ist:

„Mache dir deine Energie bewusst und strahle sie aus. Werde zu einem der neuen Leuchtfeuer auf der Erde. Fühle deine Einzigartigkeit und bringe dein neues Leuchten mit in das neue Land (die neue Erde). Wisse: Du wirst gesehen mit allem, was du tust. Nichts bleibt ungesehen. Halte das Rütteln aus, auch wenn das Auge des Hurrikans dir gerade eine kleine Verschnaufpause gönnt.“

Vulkan – Kreativität und Neuschöpfung

Botschaft vom 1.11.2020

Es ist eine ruhigere Stimmung … Ich sehe Menschen an einem Strand spazieren … es ist warm … sie tragen sommerliche Strandkleidung … sie lächeln und lachen. Es werden Cocktails aus Gläsern mit bunten Schirmchen getrunken. Und doch …

Darunter brodelt es. Ein geglaubter Vulkan arbeitet im Verborgenen ganz tief in Mutter Erde. Dort sind alle Energien aufgemischt, wildes und doch geordnetes Chaos. Feuerauswürfe im Dunkel der Erde. Etwas Neues wird bald geborgen.

Es wird oben auf der Erde noch nicht gesehen. Doch wer feinfühlig sensitiv ist, kann es deutlich wahrnehmen. Ich spüre auch eine Art von „noch einmal genießen, bevor es unangenehm wird" … Es fühlt sich an wie: NOCH etwas nicht wahrhaben wollen … es wird auf „heile Welt" gemacht … Selbstverleugnung … Selbstbetrug …

Die Energie von heute erstrahlt für mich in hellem, kraftvollem und energetischem Gelb. Es zeigt sich mir eine neue Kreativität … ein frischer Wind des Umdenkens. Es soll umgedacht werden … Neues erfunden und erschaffen werden. Die Energien sind dafür da. Wer Altes festhält, wird im Feuer des Vulkans untergehen …

Es ist wie eine sanft lächelnde Aufforderung, sich das Leben anzuschauen und die Ruhe des Augenblicks (soweit vorhanden) zu genießen. Die Pause solle genutzt werden, um Kraftressourcen für die nächste Zeit zu sammeln. Es möchten neue Ideen entdeckt und umgesetzt werden. Heute ist die Zeit der versteckten Kreativität und Neuschöpfung. Die Kleider der Angst dürfen abgelegt werden, auch wenn nicht abzusehen ist, was mit dem Ausbruch des Vulkans geschehen wird. Der Vulkan ist nicht vernichtend … er birgt zwar weiteres und größeres Chaos mit sich, wirkt aber so wie neu ordnend. So, als würden neue Straßen gebaut. Neue Straßen voller Schönheit und Fülle. Komplett anders, aber unvergleichlich schöner.

Die Energie des heutigen Tages lädt ein zur Neuschöpfung. Das Baby tritt bereits im Bauch … fühlt die Enge … will heraus. Es soll angenommen werden und sich darauf vorbereitet werden. Hierfür bedarf es nur Urvertrauen, Vertrauen in sich selbst und dem Ergreifen der Hände der eigenen geistigen Führung.

So darf der Augenblick … seine einzigartige Schönheit … die Gegenwart des JETZT bewusst erfahren und gelebt werden. Ich sehe ein blaues Licht hinzufließen … wie ein Nebel … Erzengel Michael wirkt unter anderem mit. Du bist beschützt!!!

Was für unglaubliche Energien des heuten Tages.
Ich bin dankbar, sie für euch niedergeschrieben zu haben.

Waschmaschine – Das neutrale NICHTS im Chaos

Botschaft vom 2.11.2020

Es brodelt – die Suppe kocht.
Die Energien wirbeln durcheinander … versuchen Halt zu finden … hoffen, irgendwo andocken zu können, doch sie werden immer wieder auseinandergerissen und fliegen haltlos durch den unendlichen Raum der Möglichkeiten. Es ist wie eine überdimensional große Waschmaschine im Kochwaschgang. Wer da kein Reisverschluss oder Haken ist, kann sich nirgends festhalten.

Emotionalitäten spielen mit hinein. Angst … das Aufflammen alter Geschichten in Bild und Gefühl … alte Lebensthemen und das Gefühl „ich WILL DAS NICHT mehr!!!!! " … es wird angeeckt und konfrontiert … scheinbar ohne Ende und Ziel, ABER …
Was möchten diese Energien wirklich sagen?

Sie fühlen sich an wie ein ernster und doch liebevoller Blick direkt von Auge zu Auge … von Herz zu Herz. Dieser Blick bietet Orientierung … einen neuen Halt. Zunächst, vielleicht wie durch einen Nebel voller fragmentierter und verzerrter Bild-Pixel, ist da ein Licht … ein Anker … ein Halt. Doch liegt dieser Halt nicht im Außen … nein. Er ist tief im Innern.

Ich sehe den Inhalt der Waschmaschine voller Menschen … umhergewirbelt. Es wird geschrien, geweint, gezetert und gekämpft und … es kostete so unendlich viel Kraft und funktioniert doch nicht. Dazwischen befinden sich Menschen, wie wirbelnde Ruhepole. Sie werden auch umhergeschleudert, aber sind still. Diese Menschen fügen sich und beobachten auf ihrem Flug – vorbei an unzähligen herausfordernden Energien – das Geschehen drumherum … fast neugierig, wenn auch trotzdem angespannt. Und bei ihnen kommt der Moment … dieser klitzekleine Moment, in denen ein Licht in ihnen eine Festigkeit bringt. Dieses Licht ist wie eine innere Stimme. Und diese Stimme lächelt und sagt: „Schön, dass du da bist."

Ich sehe den Vergleich zu einer ganz schmalen Brücke in luftiger Höhe ohne Geländer und schwingend. Wer diese Brücke überqueren möchte, darf nicht in den Abgrund schauen, sonst wird er fallen. Wer aber in höchster Konzentration nur den Boden der Brücke fokussiert, schafft den Weg zum anderen Ufer … wenn auch mit feuchten Händen und innerer Angespanntheit.

Die innere Stimme lädt ein, sich abzuwenden von den äußeren Einflüssen. Es braucht gerade kein Halt gefunden werden … es braucht sich auf der rasanten Tour nichts eingeprägt werden oder greifbar sein … es braucht gerade gar NICHTS. Und dieses NICHTS ist es, was eine neue Sicherheit bietet. Dieses NICHTS ist der zarte Ruf der Seele und erbittet Vertrauen und Urvertrauen.
Der Verstand ist es, der in den gefühlten Wahnsinn treibt. Das Licht in der eigenen Tiefe des NICHTS ist der Ruhepol und Halt, der so dringend ersehnt wird. Der neue Halt ist *drinnen*, nirgends draußen. Egal, welche Gefühle toben oder welche Bilder in wild rasanter Fahrt vorbeiziehen. Es wird wie eingeladen, jegliche Wertung außen vor und sich treiben zu lassen. In dem Augenblick, wo die Achterbahn der Waschmaschine angenommen wird, kehrt Ruhe ein. Alle Gefühle, Emotionen und Eindrücke sollen sogar gerade angeschaut und wertungsfrei angenommen werden.

Die Menschen, die das geschafft haben, kommen wie durch einen Nebenausgang, den ich in diesem Augenblick wie einen schmalen Schlauch wahrnehme, aus der Waschmaschine heraus. Dann fallen sie erst einmal wie in einen leeren Raum. Der Raum ist zunächst das vollkommene NICHTS. Es ist still, friedlich, total neutral und … es fühlt sich für mich wie ein Ruhe- und Erholungsraum an. Wie die Ruhezone in einer Wellnessoase. Und HIER beginnt etwas Neues. Und dieses Neue ist so unbeschreiblich und so wunderschön, dass es mit dem Altbekannten nichts im Ansatz zu tun hat. Ab HIER beginnt die Schreibung einer neuen Zeitgeschichte.

In meiner Wahrnehmung dauert diese Waschmaschine noch eine längere Zeit an. Ähnlich wie das Brodeln des Vulkans von gestern. Jeder Mensch darf diese Entwicklung in dem Tempo erfahren, wie er es kann und möchte. Alles darf – nichts muss. Die Energien steigen massiv an. Die Fahrt ist in vollem Gange. *lach* … auf eine lustige Schüttelpartie durch das Universum der Transformation. Das Nadelöhr lässt grüßen. Bleibt tapfer und ganz bei euch.

Blumenwiese – Bleibe stehen und werde still

Botschaft vom 3.11.2020

Zu-hören

Ich sehe Menschen über eine Blumenwiese gehen. Das Wetter ist wunderschön und die Sonne wärmt und streichelt vom Himmel herab jede noch so kleine Hautzelle ihrer Körper. Die Blumen auf dieser Wiese sind vielfältig in ihren Farben, Formen, Größen und ihrem Duft. Am Himmel schwingen Vögel sorglos ihre Flügel und lassen sich – von ihrer Intuition und ihrem Instinkt leitend – an neue Ziele führen. Die Geräuschkulisse auf dieser wunderschönen und von Wäldern umsäumten Blumenwiese ist einzigartig fantastisch … fast wie in einem Märchenbuch.

Ich suche beim Anblick dieser Wiese eine runde Energie, die den Gesamtzustand widerspiegelt, und doch fühlen sich viele der Menschen für mich „anders“ an. Ich suche die Ruhe und die verspielte Stille des Klanges und doch sind die Gedanken der Menschen so laut und wertend, dass ich die Schönheit der Natur kaum noch wahrnehmen kann.
Die Energie ihrer Gedanken ist laut, kantig, dunkel und emotional. Sie laufen über diese Wiese, sehen wohl die Pracht und doch nehmen sie sie nicht wirklich wahr. Ihre lauten Gedanken lenken sie zu sehr ab. Hierbei stolpern sie über Maulwurfshügel, zertrampeln wunderschöne, duftende Blumen und sehen nicht den Weißkopfadler, der weit über ihnen am tiefblauen Himmel seine weiten Runden zieht. Auch die kleine Maus, die lautstark neben ihnen nach Gehör schreit, bleibt unentdeckt.

Ich sehe aber nicht nur die schweren und von den Energien unangenehmen Gedanken, sondern auch die verletzten und blutenden Herzen. Die Menschen gehen über die tiefgrüne und gleichzeitig bunte Blumenwiese und suchen ihr Heil doch weit draußen außerhalb ihres wahren ICHs. Ihre Blicke sind vielfach leer und trüb und in die Ferne des Horizonts schweifend. WO sind nur die Menschen mit ihrer Aufmerksamkeit???

Es gibt einige Menschen unter ihnen, die ihr Bewusstsein – gleich einer Blume – geöffnet haben. Sie fügen sich perfekt in die Landschaft und in die Natur ein. Sie gehen mit Bedacht jeden Schritt in ihrem Leben … sie bleiben stehen … streicheln Blumen. Sie schließen ihre Augen und öffnen gleichzeitig eine dimensionale Ebene nach „innen" die unendlicher nicht sein könnte. Mit geschlossenen Augen sehen sie innere Galaxien der sternenreichsten Unendlichkeit … vorbeireisend an neu entstehenden Galaxien, Sternenhaufen und ehrfurchtgebietenden schwarzen Löchern. Diese Menschen sind es, die in der Lage sind ZU-zuhören. Sie nehmen mit ihren Sinnen die energetische Fülle der Umgebung wahr und zentrieren sich zeitgleich im Innern auf den Klang ihrer Innenwelt … so, als ständen sie in dunkler, sternklarer Nacht auf einem Berg und lauschten dem Klang des Universums. Ihre Aufmerksamkeit vermag etwas in ihnen zu sehen und auch zu heilen, das die anderen Menschen nicht können. Sie hören ihren eigenen Klang und sehen die Farben ihres Innern, die wie Nordlichter in bunten und strahlenden Farben durch ihre Körper ziehen. Durch die innere Ruhe entsteht HEILUNG.

Die Stille ist es, die ebenso intensiv redet wie auch die Gedanken und genau hierum geht es in der heutigen Tages-Botschaft der Energien. Viele der Menschen bewegen sich bereits inmitten der Natur und doch hören sie nicht wirklich zu … sind weit weg von sich selbst … in Gedanken des Alltags samt aller Vorkommnisse und Ängste versunken und verstrickt. Die Energien laden heute ein, sich wieder nach INNEN zu richten, den eigenen Körper zu spüren … wahrzunehmen und den inneren Blick in die Ferne der Unendlichkeit und Faszination zu richten … lauschend auf die Geräusche des Körpers … dem Bewusstsein der Tiefe und Unendlichkeit des NICHTS. Da ist es wieder … das „Nichts".

Die Reise durch das NICHTS im Innern … frei von jeglicher Wertung oder Beurteilung … einfach im NICHTS zu SEIN. Ich sehe, wie sich weitere Bewusstseinsebenen bei den Menschen öffnen. Es wollen neue Dimensionen und Galaxien bereist und erkundet werden. Den Blick in eine ganz neue Richtung lenkend … zu-hörend … im Denken schweigend … neugierig beobachtend …

Es wollen ab heute weitere Energien integriert und eröffnet werden. Jeder Mensch auf diesem Planeten darf für sich entscheiden, ob und wie weit er sich für diesen neuen Wahrnehmungsweg öffnen möchte. Die altgewohnten Gedanken abzulösen und sich für den Ruf der neuen Wahrnehmungen zu öffnen … er wird gefühlte Wunder hereinlassen.

Ich bin gespannt, wohin dich deine Reise führen wird und welche Energien du ins Kollektiv einbringen möchtest. „*Ich sehe dein Licht … du wirst gesehen! Jetzt ist die Zeit, dass du DICH SELBST siehst und DIR SELBST ZU-HÖRST.*

SEI DAS LICHT …“

Vielen Dank für diese wunderschönen Bilder und Energien. Heute ist ein weiterer Durchbruch neuer Energien, die integriert werden wollen. Sie sind eine Vorbereitung auf Weiteres.

Eine neue Tür – Neue Energien klopfen an

Botschaft vom 4.11.2020

Als ich heute Morgen aufwachte und mich mit meinem Geistführer verband, flossen unterschiedliche Rottöne herein. Diese Rottöne möchten unterschiedliche Wirkungen und Aspekte erklären.

Es ist ein Rot dabei, das wärmt und umsorgt … fast umschmeichelt. Es hat mit tiefster Zuneigung und Liebe zu tun. So, als würde eine große, starke Hand gereicht, die festhält und das Gefühl vermittelt, unendlich geführt und begleitet zu werden. Die geistige Welt möchte damit zum Ausdruck bringen, dass kein Mensch (und auch kein Tier) auf der Erde alleine ist. Hier mischt sich ein klares Bild hinein von einem Feuerwehrmann, der eine kleine Katze aus einem Feuer gerettet hat. Niemand wird in dieser Zeit vergessen und jeder wird auf seine persönliche Weise gerettet. Hier geht es darum, sich führen und tragen zu lassen, ohne zu wissen, wohin es gehen wird.

Ein anderes Rot hat die Energie eines Feuers. Aber dieses Feuer stellt keine Bedrohung dar (nein, es ist kontrolliert), sondern lädt ein – gleich eines Lagerfeuers – sich zu ihm zu setzen. Ich sehe Menschen in dunkler Nacht um das Feuer sitzen. Es wird sich ausgetauscht … es fließen Erfahrungen, Hilfestellungen, Impulse von sehr bunter und lebensfroher Energie und Geschichten. DANN folgt die Neuausrichtung. Die Geschichten sollen als Reflexion dienen, aber keinen Halt mehr bieten, den es jetzt nicht mehr gibt. Die einzige Bedingung ist: Es darf nicht gejammert werden. Jegliche Art von „Opferrolle“ wird sofort vom Feuer erfasst und transformiert. Altes möchte noch einmal ausgetauscht werden und dann gehen dürfen.

Ein wiederum anderes Rot hat die Gemütlichkeit von Weihnachten. Es ist ein etwas dunkleres Rot und sehr kraftvoll und tief … ist ebenso schwer wie auch leicht. Fast bringt es eine Art Vorfreude mit sich. Durch dieses Rot wird jedoch nur eine für mich neue Energie hereingebracht, denn es geht nicht um Weihnachten an sich, sondern um die Beschreibung dieser Energie. Ich nehme es als eine Vorfreude war, so, als säße man am Weihnachtsabend vor der verschlossenen Tür und versuchte, durch ein Schlüsselloch die Schätze am Weihnachtsbaum zu erkennen. Aber nein … es geht nur um eine neue Energie. Sie bittet um Einlass und Annahme. Sie hält Neues und nie Dagewesenes bereit und möchte gesehen und erfahren werden. Ich spüre es körperlich wie eine Art Aufregung … mein Herz schlägt „lauter" und es fühlt sich unglaublich warm, beschützend und umsorgend an. Dieses Rot ist wie der Teil eines neuen Gerüstes, an dem sich die Menschen festhalten können. Es riecht unglaublich warm, gemütlich und inspirierend.

Diese neue Tür kann und möchte jetzt geöffnet werden. Nur wird sich dort dahinter kein Weihnachts-Zimmer verbergen. Es kann sein, dass dieser Raum noch leer ist und es nur um das Grundgefühl an sich geht … noch … und dass sich in diesem Raum noch etwas wie ein Nebel befindet und er keinerlei Wände hat – ein weißer Raum ins Nichts … (wieder dieses NICHTS!!!). Aber, *lächel* … dieser Raum wird sich noch füllen. Er wird sogar so wunder-wunderschön sein, dass man sich kaum von seinem Inhalt abwenden möchte.

Illusion – Folge nur noch deiner Intuition

Botschaft vom 5.11.20

Nichts ist, wie es scheint … die meisten Energien führen ziellos in die Leere oder enden in einer Sackgasse. Viele der Energien an sich sind von ihrer Grundsubstanz her durchaus gehaltvoll und doch verknoten sie sich und verkümmern irgendwo und irgendwann. Viele der Menschen wissen nicht, was oder wie sie glauben sollen – ein alter Glaube bricht weg.

Ich sehe die Szene eines alten Spektakels … eine Art Varieté und Kirmes zugleich … Es kommen Zuschauer … viele Zuschauer … sie alle wollen die neuen Attraktionen begutachten und beklatschen. Sie können die bunte Magie der Illusion nicht einschätzen … können sich nicht damit identifizieren und doch schauen sie wie gebannt hin. Sie spüren genau, dass es eine Illusion ist … ihre Intuition verrät es ihnen und doch sind sie voller Zweifel, weil sie nicht nachvollziehen können, was dort vor ihren Augen geschieht. Sie können Wahrheit und Illusion nicht mehr voneinander unterscheiden … Zwei Welten scheinen sich miteinander zu vermischen und lassen sich im Augenblick nicht trennen. Hin und her gerissen von Gefühlen, Eindrücken und wieder neuen Bildern und Gefühlen entsteht daraus eine innere Leere … Das System ist maßlos überfordert … Der Verstand kollidiert mit der Intuition und es scheint, als habe man sich verloren.

Ich spüre gerade viel Leere und Kraftlosigkeit im allgemeinen Kollektiv, doch ist sie negativ? Nein … Ich sehe das, was ich gerade nicht anders als als Leere bezeichnen kann, als einen schwarzen Raum. In der Farbe Schwarz bündeln sich jedoch alle existierenden Farben und es steht ein neuer Schöpfungsraum ungeahnter Möglichkeiten zur Verfügung. Und doch steht jede einzelne Energie gerade, wie auf einem Prüfstand … möchte sich neu finden … geht vor und zurück … zur Seite und wieder nach vorne … Es ist ein großes Durcheinander, obgleich einer strukturierten, unsichtbaren Ordnung.

Es wird ein Chaos gefühlt und doch steckt Struktur dahinter …
Es wird geglaubt und doch ist es kein wahrer Glaube …
Es wird hingesehen und doch wird nicht richtig gesehen (sich blenden lassen) und daher nicht erkannt …
Es wird hinterfragt und doch wird nicht begriffen …
Es wird Neues ausprobiert und doch werden alte Wege nicht wirklich verlassen …
Es wird intuitiv gehandelt und doch wird immer noch dem Herdentrieb gefolgt …

Jetzt verändert sich das Bild und ein Lagerfeuer knistert urgemütlich. Darum herum sitzen viele Menschen. Sie sollen ihre Augen schließen und dem Feuer lauschen … ganz bei sich sein und ihren irdischen Körper entspannen. Herausgehen aus jeglichem Verstand und Handeln des Herdentriebs. Fast empfinde ich es als ein bewusstes Auffordern, sich darin zu schulen, nur noch seiner Intuition zu folgen. Dem hellen Schein im Innern zu folgen … eine neue Wahrheit zu leben … sich loszusagen von altgewohnten Denkmustern, Glaubenswegen der Begrenzung und der Einschüchterung durch illusionäre Fehlleitungen. Nur noch das Ruhen in SICH SELBST IM NICHTS … in der totalen Dunkelheit, um neues Leben zu gebären. Es soll Licht aus dem schwarzen Raum entstehen … Farben, Formen, neue Möglichkeiten.
Gehen durch den Schmerz der ohnmächtigen Dunkelheit und Kontrolllosigkeit – hin zu neuer Schöpferkraft und Selbsterkenntnis. Ablegen des gefühlten Labyrinthes samt all seiner Irreführungen.

Sich erheben und von oben zu schauen – sich von allem Altem zu lösen … neu zu erkennen, neu erfühlen … neu wahrnehmen … das Bewusstsein der Erde wird weiterhin massiv ansteigen. Es ist ein Geschenk, gut darauf vorbereitet zu sein.

Puuuhhhh … was für Energien *lach* … gebe nicht auf. Irgendwann ist das Nadelöhr durchschritten. Bleibe gut bei dir! Im Zustand des ausbalancierten und ruhenden ICH BIN'S bist du gut beschützt.

Die Reise – Gehe mutig voran

Botschaft vom 6.11.20

Ich fühle heute Morgen eine gewisse Ruhe … eine etwas trügerische Entspanntheit …, wie ein Abwarten, Gespanntheit und eine auflodernde Hoffnung. Es ist eine Hoffnung, die es eigentlich nicht gibt. Warum – wie ist das gemeint?

Ich sehe jetzt folgende Bilder:
Ein Strand … es ist ganz früh am Morgen und die Sonne geht am wolkenlosen Himmel aus dem Meer heraus auf. Überall am Strand und auf Dünen und Klippen stehen Menschen … unendlich viele Menschen … hunderttausende von Menschen und es kommen immer mehr nach. Sie blicken still auf den Horizont mit der aufgehenden Sonne. Die Energien heute sind besonders, deswegen haben sich alle intuitiv hier versammelt. Keiner kennt den anderen. Jeder ist so mit sich selbst beschäftigt, dass sie sich fremd geworden sind, obgleich sie einander kennen. Ihr Wesen ist so neu und anderes geworden … das wirkt befremdlich. Ich spüre einen Zustand von entfachter Hoffnung … etwas wird geschehen, doch niemand weiß, was es ist und was kommen wird. Ich spüre hinzukommend eine Euphorie, endlich gerettet zu werden, Erlösung zu erfahren und endlich in einen „sicheren Hafen" gebracht zu werden.
Sie alle haben keinen Mut, hinter sich … „zurück" … zu schauen. Sie starren einfach nur wie gebannt nach vorne. Diese Energien sind erfüllt mit einem in voller Intensität erstrahlendem Gelb … kraftvoll und augenblicklich manifestierend – ziehend wie ein Gummiband, dabei blickend auf das tiefblaue Meer in schillernden Farben und die aufgehende Sonne.
Es wird sich gefragt, WANN es denn endlich losgeht … fast scharren sie alle mit den Füßen im Sand. Sie alle haben die Hoffnung, dass etwas geschieht, ohne ihr Zutun … ohne eine Handlung jedweder Art. Ich fühle bei ihnen eine Angst … Angst, Fehler zu machen …

Am windstillen Strand stehend, haben sie die Hoffnung, dass schon sehr bald ein großes weißes Schiff am Horizont erscheint, das sie abholt und rettet … doch … sie warten jetzt schon so lange … soooooo lange. Doch es kommt kein Schiff, das über die glatte, spiegelartige Meeresoberfläche größer werdend dahingleitet. NICHTS … es kommt NICHTS (wieder das NICHTS) …

Erst jetzt sehe ich überall zwischen den Menschen kleine Boote liegen … wie kleine Nussschalen. Die Blicke richten sich nach unten … man schaut sich an … fragend, zweifelnd … die Stirn runzelnd … MIT „DEM" BOOT?????? Angst kommt auf … Panik.

Ich sehe einzelne mutige Menschen von weiter hinten mit ihren kleinen Nussschalen, an anderen Menschen vorbei, an die Wasserkante gehen. Dort lassen sie ihr Boot zu Wasser, nehmen ihr kleines Paddel in die Hand und paddeln los. Die breite Masse der Menschen ist sprachlos und geschockt. Das kann nicht der Plan sein! Wo soll es hingehen, wo ist der Kapitän … wo die Seekarte … was ist, wenn ein Sturm aufkommt und dann ganz auf sich allein gestellt? PANIK!

Jetzt ist Mut gefordert … Mut, nach vorne zu gehen … Mut, nicht zurück zu blicken … Mut, sich über die Angst und Panik zu stellen … Mut, mutig zu sein … Mut, Schritte zu gehen, die noch nie zuvor gewagt wurden, weil alle gesagt haben: „Das geht nicht." Jeder hatte Angst vor diesem Augenblick und jetzt ist er DA – SHIT!

Genau diese Energie fühle ich JETZT. Es ist Zeit, aufzubrechen … den Mut zu haben, einen ersten Schritt zu tun. Ist der erste Schritt getan, fällt es immer leichter. „Learning by doing." Niemand wird kommen, um zu retten oder etwas abzunehmen, ABER jeder findet in seinem eigenen kleinen Boot alles, was er braucht. Denn an Bord befinden sich kleine bisher unsichtbare Helfer sowie Proviant für die Reise und alle Hilfsmittel, die für die lange Reise gebraucht werden. Es gibt etwas wie kleine Funkgeräte ... sie wirken telepathisch ... niemand ist wirklich alleine.

„TRAU DICH – ÖFFNE DICH – DU WIRST GEFÜHRT UND GELEITET."

Jeder notwendige Schritt wird sich aus dem letzten ergeben. Bleiben im Hier und Jetzt ... den Fokus auf das jetzt Notwendige gerichtet. Im Vertrauen bleiben, denn die Hoffnung, die Stärke, die Motivation und die Zuversicht kommen dann automatisch. Nicht zurückblicken ... nur nach vorne gehen ... in die Kreativität gehen ... mit seiner geistigen Führung sprechen (JEDER kann das!!!).

Puuuuuuuuuuuuuuuuhhh ... was für eine Szenerie ... sie alle fahren jetzt nach und nach hinaus und die ersten mutigen Seefahrer in ihren Nussschalen sind kaum noch zu sehen. Die Energie tönt, wie in einem Drama, in dem die erlösenden Abschluss-Noten angeschlagen werden. ERLÖSUNG geschah und geschieht weiterhin. Nichts und niemand kann aufgehalten werden.

Meine Güte, ⋆lach⋆ ... ich wünsche DIR einen mit Wunder erfüllten Tag. Bleibe im Vertrauen und wisse, dass du selbst dein Retter und Erlöser BIST. Vertraue dem größeren Bewusstseinsplan. Ich wünsche dir eine gute REISE ...

Konzentration – Bleibe bei DIR

Botschaft vom 7.11.20

Die Energien bringen heute Morgen eine gewisse Strenge mit sich. Es soll genau hingeschaut werden … Ich sehe Augen … sie beobachten ganz genau … sind fokussiert auf absolut jeden einzelnen Menschen dieser Erde. Es sind die geistigen Begleiter und es drängt sich fast das Wort „KONZENTRATION" auf.

Es ist jetzt Schluss mit dem Kindergarten! Ich sehe die Menschen wie durch Klassenräume laufen … manche sind dabei gesittet und geordnet, diszipliniert und andere wuseln schreiend herum und machen „den Bären". Diese Szenerie wird jetzt auf „Stopp" gestellt und friert im Moment ein. Die Frage taucht auf: „Was ist richtig und was ist falsch!?" Und die Antwort lautet: *„Falsche Frage."* Es geht nur um „sinnvoll" oder „nicht sinnvoll". Sinnvoll in dem Kontext, was jeder einzelne Mensch geplant hat.

(Ich gebe hier mal als Steffi die Stimme ab und lasse die geistige Welt weiterreden.)

„Ihr rennt herum wie im Kindergarten. Das ist auch in Ordnung, aber bitte verlangt nicht, dass wir eure Arbeiten erledigen! Der Wandel ist riesengroß für euch und wir haben viel Verständnis dafür, dass es schwerfällt, alte Gewohnheiten abzulegen. Und doch ist die Wichtigkeit groß, auf etwas sehr Bedeutendes hinzuweisen:"

(Die Energie wird jetzt von streng zu liebevoll sanft – es wird persönlich angesprochen und doch sind alle Menschen gemeint.)

„Wir sind die Geistführer der 5. Dimension +. Es ist jetzt einmal sehr wichtig, dass du ganz genau zuhörst und versteht, was wir dir sagen möchten: Wir sehen die großen Veränderungen mit allen Herausforderungen auf der Erde und wir sehen dein Bemühen, mit der aktuellen Zeitqualität zurechtzukommen, aber es ist wichtig, jetzt einmal einzugreifen.

Ja, die Herausforderungen sind massiv, doch können wir dir durch dein Verhalten nicht helfen, die Ziele zu erreichen, die du erreichen willst und die euch Menschen nach all der Vorbereitung und Arbeit der letzten Jahrtausende zustehen.

Der Wandel ist unaufhaltsam und in der Zeit, die ihr als Zukunft versteht, bereits geschehen und abgeschlossen. Das Nadelöhr ist für die meisten Menschen durchschritten und jetzt ist größte Konzentration geboten. Eine Konzentration als Hingabe für den Neuanfang der Erde in der 5. Dimension. Und die Konzentration sollte jetzt auf das neue „WAS und WER bin ich" gerichtet sein. Es gilt jetzt, eine neue Identifikation zu entdecken. Die alte Identifikation mit dem alten ICH hat keinen Nährwert mehr. Wenn gesagt wird, „geht neue Wege und findet euch neu in neuen Berufen", so geht das nicht mit der alten Identifikation des alten ICHs.

Schotte dich ab von jeglichen Energien um dich herum. Behalte deinen Fokus bei dir und auf dich gerichtet. Jetzt ist es von höchster Bedeutung in deinem persönlichen Prozess, dein Licht in dir zu finden, zu sehen, auszudehnen und zu leben.
Noch lauft ihr wirklich rum wie Grundschulkinder in ihren Klassenräumen, wartend auf den Lehrer zu Beginn der Stunde. Bitte versteht: Der Unterricht läuft bereits und die Auswahlkriterien zum Ende des Schuljahrs sind hart und unerbittlich. Es kommt kein Lehrer, der euch anleitet! Ihr selbst seid euer Lehrer ... ihr selbst und euer Leben.
Das Hauptproblem ist die unkontrollierte Zerstreuung eurer Gedanken. Ihr seid wie ADHS-Kinder. Sobald ein Impuls in Form von Ereignissen auftaucht, werden die Energien überall hin verstreut. Und genau DAS ist auf der „5D+Ebene" fatal. Ihr unterschätzt noch eure schöpferischen Fähigkeiten. Ja, ihr seid wie Zauberlehrlinge, die mit ihren Werkzeugen und Zutaten lernen müssen, kontrolliert und bewusst umzugehen. Experimentieren ist gut und erlaubt, aber bitte mit Konzentration und Bewusstheit.

Was ist jetzt wichtig und worauf kommt es jetzt an?
Wir benutzen noch einmal das symbolische Bild einer Grundschulklasse. Setze dich einmal auf deinen Stuhl, wo auch immer sich der im

Klassenraum befindet. Der Unterricht wird nicht durch einen Lehrer angeführt, sondern findet ausschließlich IN DIR statt.
Es geht um das Erkennen deines Selbst auf höherer Ebene. Erlaube dir, dich groß und mächtig zu fühlen. Der Umgang mit deiner gedanklichen Konzentration ist gefragt und erforderlich. Das ist sogar eines der „Hauptfächer" … bleibe achtsam dabei.
Bleibe ganz bei dir selbst, egal, wie laut die Klasse um dich herum tobt und schreit. Du bist immer noch zu stark und zu schnell abzulenken und zu beeinflussen. Du brauchst niemanden zu retten, weil du durch deine Energie bereits rettest. Dafür brauchst du nur deinen zentrierten Fokus auf die Liebe gerichtet halten. Überlasse anderen Menschen ihre Selbst- und Eigenverantwortung und höre auf, sie für sie zu tragen. FINDE das LICHT im NICHTS deines tiefen SEINS … gehe in seinen tiefsten Kern hinein. Finde dein Licht und mache es ab jetzt mit jedem Tag heller und strahlender. Du denkst, du kannst das nicht? Nicht hier? … Nicht bei diesen Umständen? DOCH! Vertraue dir selbst. Wir wissen, dass du das kannst. Es ist eine Sache des „sich selbst Erlaubens" … der Konzentration und des „sich selbst Erkennens".

Die heutige Botschaft ist eine der größten und bedeutendsten in dieser Zeit, denn sie entscheidet dauerhaft über deine weiteren Wege. Es geht jetzt vorrangig um deine Konzentration mit dem, WAS du BIST und WIE du BIST. Fühle dich mit deinen Energien. Tritt in den Kontakt mit deiner Seele. Und bitte höre auf, deinen Klassenkameraden in der Schule deine Aufmerksamkeit zu schenken. Du bist noch immer zu stark abgelenkt. Bleibe bei DIR!
Wenn die Welt sich verändern soll, braucht es DEINE Veränderung. Es braucht dein erhöhtes Bewusstsein im Umgang mit dir selbst und mit der Welt.
Die Energien erhöhen sich derzeit täglich und auch dein Bewusstsein passt sich dem an. Jetzt beginne endlich, auch danach zu handeln. Komme heraus aus der blanken Theorie, die neue Zeit mit deinen altgewohnten Energien weiterleben zu können. Die Praxis wird dann sehr ernüchternd wirken.

Du wirst unermesslich geliebt. Das ist der Grund, weshalb heute einmal Klartext gesprochen wird. Die Energien steigen weiterhin massiv an und wer jetzt nicht in seinem Herzen – in seinem ICH – fokussiert bleibt, scheidet aus. Das klingt vielleicht für euch sehr hart, ist aber notwendig zu wissen. Trefft entsprechend eure Wahl. Es gibt dabei kein „Richtig" oder „Falsch". Der große Wandel des Aufstiegs ist kein Spiel, sondern die Anpassung des Bewusstseins. Es daher zu spielerisch zu sehen birgt Gefahren. Wir sehen die vielen Menschen, die sehr strebsam und zielstrebig sind. Gerade für sie ist diese Botschaft äußerst wichtig zu begreifen. Das neue Spiel der Erde ist ein Spiel, das nach neuen Regeln spielt. Es kann erst spielerisch gespielt werden, wenn diese neuen Regeln mitsamt ihrer energetischen Gesetzmäßigkeiten verstanden wurden. Bitte versteht daher die Ernsthaftigkeit.

Wir als eure Begleiter sind in jedem Augenblick an eurer … an DEINER SEITE. Wir sehen, was du denkst und was du tust. Habe den Mut, dich von der Ablenkung des Außen loszulösen und dich durch dich selbst mit unserer Hilfe leiten und führen zu lassen."

Puuuuhhhh … ich lasse es mal als Steffi so stehen. Was für eine Botschaft!!!

Stille – Verbinde dich mit dir selbst

Botschaft vom 8.11.2020

Nach der wirklich sehr durchdringenden Botschaft von gestern ist heute Morgen die geistige Welt sehr ruhig, still und sehr leise. Normaler Weise kann ich es morgens kaum abwarten, mich endlich an den Laptop zu setzen, um zu schreiben. Und fast hatte ich schon das Gefühl, dass heute auch für mich ein Ruhe-Tag sein soll und ich nichts schreiben werde. Doch dann kam, wie ein Flüstern … eine ganz leise Stimme in Verbindung mit einer violetten Energie …

Es geht heute darum, ganz bei sich zu sein und zu bleiben und den Mut zu haben, einmal wirklich NICHTS zu tun. Einfach nur da zu sitzen und sich selbst zu öffnen für die Botschaften der eigenen Seele.
Ich fühle noch sehr viele Menschen, die daran verzweifeln, nichts oder zu wenig von der geistigen Welt zu empfangen. Sie hoffen endlich auf Botschaften, doch in ihrer Wahrnehmung bleibt es still. Das liegt an ihren lauten und sich zerstreuenden Gedanken … sie denken zu laut. Die Wahrnehmung richtet sich nur auf von außen kommende Impulse. Vom Fernseher, vom Computer, vom Radio, Unterhaltungen und eigenen Gedanken über Probleme oder die aktuelle Situation auf der Erde in Bezug auf negative Dinge oder andere ziellose Gedanken, die viel Energie verbrauchen …

Sei einmal still und lasse die eigenen Gedanken so in den Hintergrund treten, dass du in der Lage bist, deinem SO SEIN zu lauschen. Bleibe mit deinem Fokus auf das Hier und Jetzt gerichtet und sei bereit zu empfangen – was auch immer kommen mag.

Vielleicht spürst du Wahrnehmungen und Botschaften von deinem Körper …
Vielleicht siehst du etwas mit deiner inneren Wahrnehmung … zum Beispiel Farben oder Formen …

Vielleicht hörst du Worte, von denen du genau spürst, dass sie nicht von dir kommen …
Vielleicht hast du plötzlich Gerüche in der Nase und weißt nicht, woher sie kommen …
Vielleicht fühlst du plötzlich Gefühle der Liebe oder Verbundenheit …
Oder vielleicht bekommst du noch ganz andere Impulse.

Öffne deine Wahrnehmung so, als würdest du auf den Horizont schauen. Setze dich irgendwo an einen realen oder imaginären Ort hin und lasse deinen Blick in die innere Weite schweifen. Werde ganz still und genieße es, dich durch deinen eigenen Atem in die Stille des NICHTS wiegen und bewegen zu lassen.

Die heutige Botschaft gibt die Aufforderung dazu, in die bewusste Verbindung zu sich selbst und seinem eigenen geistigen Team und seiner Seele zu gehen. Das kann jeder! Auch DU! Habe den Mut, einmal komplett still zu sein und dem NICHTS zu lauschen. Die Kanäle der Menschen werden jetzt nach und nach weiter geöffnet. Hierfür braucht es DEIN TUN und DEIN ÜBEN. Die Energieanhebung lässt neue Verbindungen entstehen und bereitet auf telepathische Kommunikation vor.

Mutter Erde spricht – Verbinde dich mit ihrem Bewusstsein

Botschaft vom 9.11.2020

Die Energien heute Morgen sind sehr interessant, klar und tief. Ich fühle Liebe … ich fühle Vertrauen … ich fühle Mut und ich fühle so etwas wie Aufregung. Diese Aufregung ist eine positive Aufregung, denn in ihr schwingt eine innere Gewissheit mit, dass alles gut und sogar besonders WUNDER-voll wird.

Mir zeigt die geistige Welt das Bild eines bestellten Stückes Land und zoomt dann mikroskopisch dicht an den Boden heran. Dort sehe ich überdimensional große braune Erdbrocken und sich herausbohrende grüne Halme. Sie sind eigentlich noch ganz dünn und zart, doch unter dem Mikroskop wirken sie schon sehr kraftvoll und stark. Es soll ganz genau hingeschaut werden …

Heute kommt die Botschaft aus dem Boden … vom Bewusstsein von Mutter Erde. Sie tönt durchdringend durch den Boden, denn aus ihr kommt das, was die Menschen nährt. Ich sehe viele Wesenheiten, wie Natur- und Elementarwesen …, Zwerge, Drachen, Hüter der Bäume und viele mehr. Sie stehen vor mir und sehen aus wie eine aufgebrachte Menge. *„Erinnert euch“*, rufen sie … *„erinnert euch!!!“*

Sie wissen, dass die Menschen sie kennen und sie spüren auch die Herzensverbindungen von den Menschen … zumindest von vielen von ihnen. ABER das reicht nicht aus, denn sie haben etwas zu sagen und einen Auftrag … die Zeit ist gekommen. Es wollen Unmengen von Geschichten erzählt werden. Die Geschichte der Menschen kennen sie ja zur Genüge, doch umgekehrt verhält sich das anders. Hier reichen keine Märchen aus, um sie zu kennen. Sie möchten wieder MIT UNS MENSCHEN leben und NEUE Geschichte schreiben. Viele der Menschen glauben und wissen von ihnen, aber „glauben“ nicht wirklich. Das lässt sie unsichtbar bleiben. Sie brauchen den Mut der Menschen, an sie wahrhaftig zu glauben und DANN auch den Mut, mit ihnen zu reden ... Kontakt aufzunehmen.

Sie sind es, die die Energien der Erde tragen und halten. Sie sind es, die die Erd-Zerstörung der Menschen so gut auffangen und beheben, wie es eben nur geht. Jetzt wollen sie reden. Aber ... sie wollen nicht tadeln oder zurechtweisen, sondern sich aus der Tiefe ihres Herzens mit uns verbinden. Sie möchten Botschaften vermitteln, wie sie leben und was wir Menschen gemeinsam mit ihnen tun können, um NEUES zu säen und NEUES zu ernten ... nämlich die NEUE ERDE in strahlend schönem 5D+.

Sie bitten DICH darum, dich so oft wie möglich mit dem Erdentor-Chakra zu verbinden. Es liegt für mich wahrgenommen unter dem Erdstern-Chakra in 2,5 m Tiefe. Mir wird gesagt, dass die Entfernung des Chakras – von den Füßen an gerechnet – mit steigendem Bewusstsein und Erdverbindung stetig weiter in die Tiefe wächst (ebenso wie mit den Chakren oberhalb des Kronen-Chakras). Die Chakren wachsen in ihrer Entfernung zum Menschen mit.
Die Energie des Erdentor-Chakras ist in meiner Wahrnehmung das Kommunikations-Werkzeug zum gesamten Bewusstsein der Erde. Ich sehe es jetzt wie einen überdimensionalen und äußerst feinsinnigen Lautsprecher für ALLE Energien und Wesen der Erde ... für jedes Bewusstsein der Erde und selbstverständlich auch für Mutter ERDE selbst, die Tiere und die Menschen.

Das Erdentor-Chakra ist wie ein Portal ..., wie ein Tor zu einer anderen Welt. Noch haben es nur sehr wenige Menschen durchschritten. Durch das Erdstern-Chakra sind viele bereits mit der Erde selbst verbunden ... doch jetzt ist es sogar erwünscht, in das Bewusstsein der Erde durch das „Erdentor" vorzudringen. Das dicke Schloss an der Pforte ist entfernt und jedes gute Erdenherz erhält Einlass. Das ist etwas sehr Neues und ganz Besonderes!!! Denn es kommt zu einem neu gelebten Verhältnis auf der Erde zwischen Menschen und den wundervollen Wesen aus der Erde und auch zu den Bewohnern aus „Innererde".

Ihre Dimensionen sind bereits auf der 6. und der 7. Dimensionsebene. Daher bedarf es einem ganz reinen Herzen und hoher Schwingung für den Kontakt.

DU bist jetzt angesprochen und wenn du dich angesprochen fühlst (es ist immer alles freiwillig), so steht DIR die Pforte zur „Unterwelt" offen. Erblicke ihre Schönheit, Farbenpracht und kristallinen Glanz … ihre Schwingungen und Töne und lasse sie dich durch ihre Frequenz weiter dein Bewusstsein erhöhen. Bist du bereit, die Geschenke anzunehmen? Wenn ja, bist du herzlich willkommen!

Ach, wie herrlich, die Erde hat sich geöffnet und möchte mit ganz neuen Energien und Möglichkeiten aktiv helfen. Ich spüre so viel Liebe, so viel Offenheit … fast als würde uns Menschen ein roter Teppich ausgerollt werden. Die „Unterwelt" ist uns nicht böse. Sie möchte anknüpfen an dem JETZT und sich freuen auf eine neue Erde gemeinsam mit uns Menschen und Tieren von der „Außenwelt" – der „oberen Erde".

Es ist dort unten gigantisch schön und bitte … habt den Mut, ihre Botschaften zu empfangen. Wir alle (die es wollen) haben unterschiedliche Aufgaben an Mutter Erde und daher wird jeder von uns andere „Aufträge" bekommen. Sie wollen aktiv mit jedem von uns arbeiten. Die Zeit, sichtbar zu werden, ist DA. Habe keine Angst … viele wirken befremdlich (nur optisch ungewohnt), doch schwingt ihr Herz in höchster Liebe. Du wirst sie lieben.
Und … spüre mal hinein … das Bewusstsein von Tieren fühlt sich für mich fast identisch an mit dem Bewusstsein der Wesen aus der Erde. Das bewusste Durchschreiten des Erdentors ist ein Schlüssel zum Öffnen eines mannigfaltigen Bewusstseins bisher nie dagewesener komplexer Dimensionen. Wie ein Verschlingen … wie Verknüpfungen größter Vernetzungen energetischer Art. Mit dem Öffnen der „Unterwelt" wächst auch die Vernetzung durch das Seelentor-Chakra massiv an! Es fühlt sich gigantisch an!!!

Rolltreppe – Bleibe geduldig, der Weg ist das Ziel

Botschaft vom 10.11.20

Heute Morgen nehme ich sehr viel freudvolle Ungeduld und zeitgleich sehr viel erdrückende Überforderung wahr. Die Energien und Energieerhöhungen, samt Bewusstseinssprüngen der letzten Zeit, wirken sich auf alle Menschen der Erde stark aus und das auf sehr unterschiedliche Weise. Es ist eine Zeit der Herausforderung … für alle. Meine Wahrnehmung ist sehr ambivalent.

Mir werden Menschen gezeigt, die laut applaudieren … es sind bereits SEHR viele Menschen und es gesellen sich täglich viele hinzu. Sie jubeln, denn sie erwarten seit Jahrzehnten, was gerade so viele Boten des Lichts bestätigen. ENDLICH sind es keine Hirngespinste mehr, sondern der große Übergang ist tatsächlich da! Und doch … ich müsste eigentlich mehr Licht sehen können … es müsste SO hell erleuchtet sein!!! Doch dafür ist es noch zu trübe und trotzdem ist das gewaltige Licht da. Es scheint sogar so hell, dass man schier geblendet ist! Wie ist das dann gemeint – was denn nun???

Ja, es sind hier unendlich viele Lichter und sogar sehr große Lichter mit dabei und doch sehe ich manche Menschen wie Taschenlampen, deren Licht immer wieder ein- und ausgeschaltet wird. Sie selbst knipsen es an und aus.
Auf der einen Seite ist so viel Ungeduld … nichts kann schnell genug gehen und doch kommen Unsicherheiten auf. Ich spüre Energien von „Ich kann das aber nicht“ oder „Ich denke noch zu viel“ … und hier und da sehe ich sogar komplett gesenkte Köpfe. Diese Menschen fühlen sich maßlos überfordert. Ihnen geht gerade alles viel zu schnell und sie haben Angst, nicht hinterher zu kommen. Darunter sind sogar sehr helle Lichter. Ihnen ist ihr Verstand im Weg – sie wollen zu viel tun und setzen sich damit selbst unter Druck … verzetteln sich durch „zu viel

erreichen wollen ... zu viel zeitgleich erreichen wollen", zu hohe Ansprüche, Anforderungen und Erwartungen an sich selbst.

Ich sehe jetzt wieder den mikroskopisch vergrößerten Erdboden von gestern und auch die kraftvollen grünen Halme, die sich durch den Boden gekämpft haben. Doch ... zwischen den grünen Halmen wächst jetzt, in sehr buschiger Variante, Unkraut. Munter ... wild abstehend, unkontrolliert und die Nachbarschaft umwuchernd, wirkt es jetzt fast wie in einem Urwald.
Die Halme stehen für die Saat der eigenen lichtvollen Entwicklung ... des Bewusstseins und der Neuausrichtung ... und das Unkraut symbolisiert den Verstand samt aller Verzettelungen, über sich selbst hinauswachsen zu müssen. Diese Menschen sehe ich fast kopflos hin und her rennen ... unruhig ... teilweise auch hysterisch weinend ... sich fast aufgebend ... es dann eben doch nicht zu schaffen.

Es ist egal, wann du diese Zeilen liest ... Diese Botschaft gibt einen Impuls für jedes JETZT:
Du darfst dich komplett entspannen. Du brauchst nichts anderes zu tun, als dich zu öffnen und zu SEIN. Schaue durch dein Leben, wo dein Verstand noch Unkraut sät ... zupfe es raus. Es ist sehr leicht herauszuziehen. Die Erde gibt seine Wurzel widerstandslos frei.
Sich zu öffnen bedeutet ... ganz bei sich zu sein und dem Weg, der teils sehr uneinsichtig und wie hinter einem Nebel verschleiert liegt, zu vertrauen ... DIR SELBST ZU VERTRAUEN!
Mir wird noch ein Bild gegeben ... Eine Rolltreppe ...

Der Aufstiegsprozess verläuft für die Menschen wie auf einer Rolltreppe. Alle stehen in unterschiedlichen Abständen auf dieser Rolltreppe. Das Ziel ist das gleiche.
Es gibt die Ungeduldigen, die versuchen, schneller zu sein und andere überholen wollen. Doch es bringt ihnen nichts, weil es nicht darum geht, wo auf dieser Rolltreppe man steht, sondern ob man drauf sein möchte oder nicht. In Wahrheit

kann niemand einen anderen überholen. Die Rolltreppe IST bereits das Ziel und beinhaltet ALLES. Hierbei sind gefühlte Ruhezonen … aber auch Hindernisse in Form von Unkraut des Verstandes und auch äußerst wichtige Erfahrungen. Es sind Erfahrungen, angetrieben durch die Stimme des Egos … des inneren Antreibers … des Zweiflers … des Opfers oder auch die des inneren Kindes … Es gibt viele innere Anteile, die für so unendlich bedeutungsvolle reflektierende Möglichkeiten des SICH ERFAHRENS sorgen. Gerade diese Erfahrungen sind es, die so kostbar sind auf dem Weg zum Ziel der Rolltreppe des Aufstiegs.

Ich nehme wahr, dass das Nadelöhr durchschritten ist (auf einer bestimmten energetischen Ebene) und jetzt entwickeln sich neue Erfahrungsschritte. Jeder von ihnen hilft denen, die sich für den großen Weg des Wandels entschieden haben. Keiner von ihnen ist schneller am Ziel oder sogar schon da. Es läuft parallel … der Rest ist Wertung und persönliche Wahrnehmung.

Die Botschaft ist, im Vertrauen zu bleiben, dass DU genau dort richtig bist, wo du bist. Du bleibst nicht stehen und du entwickelst dich im gleichen Tempo wie jeder andere Mensch auch. Die Bewusstseinssprünge verlaufen in unterschiedlichen Intervallen. An einem Tag erfährt sie der eine und am anderen Tag erfährt sie jemand anders. Daher fühlt es sich so unterschiedlich an. Höre auf zu vergleichen!

Zupfe das Unkraut deines Verstandes aus und bleibe im Urvertrauen des Jetzt. Du sitzt bereits in deiner Nussschale auf dem Meer. Du stehst nicht mehr am Ufer und wartest auf den Startschuss … du bist weiter als du in diesem Augenblick denkst … gehe mal in dein Gefühl hinein … frage dein Herz, aber niemals deinen Verstand.
Bleibe ganz bei dir … in deinem Herzensraum – dem sicheren Ort IN DIR … genieße die Fahrt … du brauchst nichts tun … es geschieht alles automatisch – auch das TUN. Dein Weg ist das TUN. Du merkst es nur nicht. Du brauchst nichts wirklich

zu aktivieren oder einzuleiten … VERTRAUE! Lege jegliche Illusion deiner Erwartung ab.

Dein Herz zeigt dir deinen Weg … lasse dich durch deine Intuition leiten. Dein geistiges Team steht dir zur Seite. Lasse dich führen. Es geschieht automatisch.

Das Licht in dir – Wo folgst du einer Herde?

Botschaft vom 11.11.20

Für mich sind die Energien heute Morgen kunterbunt und sehr unruhig.
Mir werden die Menschen als Lichter gezeigt und ich empfinde sie als in sich abgeschlossene Individuen … manche bewegen sich in ähnliche Richtungen … manche laufen entgegengesetzt und manche folgen einem einzelnen Licht, wie das Gefolge eines Hirsches, immer dem Herdentrieb folgend. Dann kehren Lichter wieder um, suchen sich neue Wege. Viele suchen gerade Orientierung, hoffen auf einen Halt und schließen sich anderen Lichtern … einer neuen „Führung" … an.
Es erscheint zunächst wie ein Chaos und doch bildet sich langsam eine neue Ordnung, wenn auch noch zumeist unsichtbar. Diese neue Ordnung geschieht in jedem Einzelnen der Lichter selbst … schleichend … Es ist keine Grundordnung, die nach Grundgesetzen funktioniert. Im Gegenteil … jegliche Gesetze sind außer Kraft gesetzt … das schafft neues Chaos.

Gehe ich an einzelne Lichter näher heran, so erkenne ich in ihnen eine eigene kleine Dimension … ein eigenes Universum und eine Fülle an den buntesten Farben … in ihrem JETZT lebend … ihrem Leben entsprechend angepasst.

In mir kommen die Fragen auf (auch für mich selbst): *„Wo folgst du einer Herde? … Wo bist du ganz bei dir? … In welcher Hinsicht bist zu vollkommen zentriert und was beeinflusst dich immer wieder oder was haut dich vielleicht auch noch immer ganz aus deiner Mitte heraus?"*

Mir wird jetzt wieder ein einzelnes Licht gezeigt in seiner Vollkommenheit, seinem vollen Glanz und grandioser Schönheit und Einzigartigkeit … in sich ruhend … wahrnehmend … sich beschützt fühlend … für sich selbst erkennend … mutig

experimentierend … sich selbst findend … sich ausdehnend … sich selbst neu erschaffend … sich individuell erlebend.
UND in genau diesem Zustand mit anderen Lichtern eine neue Einheit bildend. Individuell und sich doch gleichzeitig ergänzend.

Noch fühle ich sehr viel Chaos in den Menschen … viel Angst und Unsicherheit. Ihre Lichter sind noch oft getrübt oder trauen sich nicht, sich hell und in vollem Glanz zu zeigen. So, als wären sie es nicht wert. Auch wenn sich die Welt gerade düster zeigt, so sei du hell.
Bitte traue dich, über dich selbst hinaus zu wachsen. Habe den Mut, im Vertrauen und in der Liebe zu bleiben und deine individuelle Wahrheit zu leben.

Ich wünsche dir eine klare und reine Sicht auf die Dinge deines Lebens … in deinem Herzen der bedingungslosen Liebe ruhend.

Im Auge des Sturms – Überprüfe das „WIE" deines Handelns

Botschaft vom 12.11.20

Ich sehe eine blau-weiße Energie … nebelartig … sanft … mich einhüllend … und fühle komplette Ruhe und Windstille. Diese Energie ist in mir und um mich herum.
Um mich herum tobt das Chaos. Alles wirbelt umher, wie in einem Hurrikan. DOCH in und bei mir ist alles windstill. Ich befinde mich im Auge des Sturms (mir wird er sogar als „der wichtigste Sturm der Menschheitsgeschichte" gezeigt).

Es ist DER STURM der allumfassenden Veränderung … mir erscheint es wie eine Art Materialüberprüfung unseres Lebens und allen SEINS, was alles noch auf sicherem Boden steht, gut verzurrt ist und nachhaltig gebaut wurde. Der Sturm reißt alles mit sich und zerfetzt jeden Krümel, der keinen sicheren Bestand hat und auf Dauer keinen positiven Sinn ergibt.

Mir werden sinnbildliche Szenen gleich eines zerstörerischen Krieges gezeigt … gewalttätige Demonstrationen für ein vermeintlich gutes Ziel … Menschen schreien, toben und halten wütend Schilder an Holzstäben in die Luft … wollen gehört werden … doch nichts kann den Umstand aufhalten oder milde stimmen. Die Bomben fallen, es wird jeder Stein auseinandergenommen, umgedreht und es gibt Tote.

Mir wird von der geistigen Welt gezeigt (sehr eindringlich), dass es weniger um den Umstand an sich geht, sondern um den Umgang mit dem Umstand. Der Umstand ist, wie er ist. Er muss so sein, weil er schon sanfter ist als er eigentlich geschehen sollte. Das Alte muss weg, damit das Neue kommen kann. Es kann nicht auf dem Alten aufgebaut werden. Es geht nicht um den Erhalt des Alten, sondern ES GEHT UM DAS "WIE", wie mit dem Umstand des Jetzt umgegangen wird!

Es geht derzeit darum, sich aus dem Chaos herauszuziehen … sich bewusst zu machen, dass es um den Umgang mit der eigenen Kraft geht und die Energien seiner Gedanken. Es geht darum, sich die Situation anzuschauen und in seiner Kraft zu bleiben. Es geht darum, die Liebe in sich zu leben und sein Licht leuchten zu lassen. Ganz egal, wo man steht und was um einen herum passiert. BEI SICH BLEIBEN …

Jetzt sehe ich wieder das blau-weiße Licht … diesen Nebel um mich herum. Er trägt die Energie von Erzengel Michael in sich … lässt mich durch die Szenerie des Kampfes gehen und sie unbeschadet durchschreiten. Auf einer anderen Ebene ist dieser Krieg schon beendet … ist der große Wandel und Umbruch bereits Vergangenheit. Der Himmel ist blau und etwas GANZ Neues ist daraus geboren worden.

In dem heutigen Impuls der geistigen Welt geht es darum, sich nicht wutentbrannt mit glänzenden Schwertern zu verteidigen und zu kämpfen, sondern darum, die Sicherheit aus seinem Herzen (für mich im Herzensraum) zu leben und im blinden Vertrauen zu bleiben. Sich nicht herausreißen zu lassen aus jeglichem Glauben, sondern bei SICH SELBST zu sein und IN SICH SELBST zu ruhen, während der Sturm um einen herum alles zerfleischt.
Dieser Sturm findet nur auf einer ganz bestimmten Ebene statt. NUR dort … nicht in dir. Nicht, wenn du es nicht zulässt. Lasse dich führen, auch wenn du Angst fühlst. Du hast so viele unsichtbare Hände, die dich in der Zeit größter Distanz in die Arme nehmen und stützen.

Die Materialüberprüfung ist die Überprüfung deiner Gedanken … die Überprüfung deines Glaubens … die Überprüfung deines Vertrauens … die Überprüfung deiner Liebe.
Nutze den wirbeligen Augenblick um zu beobachten, wo du gerade stehst und wie du handelst. Sei bereit für Veränderungen und wenn DEIN Augenblick gekommen ist, lege los. Sammle Kraft und Energie, bis dein Handeln gefragt und notwendig ist

und setze sie in hellster und lichtvollster Weise ein. Kampf hat nichts mit Liebe zu tun. Glaubenskriege hat es in der Vergangenheit zur Genüge gegeben. SEI JETZT DAS LICHT.

Sei dir selbst das Licht, sei das Licht für deine Mitmenschen und sei das Licht für Mutter Erde.

„SEI EIN LICHT DER LIEBE und VERTRAUE."

Lasse dich führen durch die Intuition aus deinem Innersten. Du hast starke Wurzeln … du brauchst dich daran nur zu erinnern.

Erzengel Michael und sein Gefolge sind um dich herum, wenn du ihn einlädst. Du bist vollkommen beschützt. Ruhe in seiner Windstille, so wird dich der Sturm des großen Wandels nicht mitreißen.

Der Licht-Kreis – Erkenne den Schein im Sein

Botschaft vom 13.11.20

Es fühlt sich schön an … sooo schön. Auch wenn es überhaupt nicht zur äußerlich sichtbaren Zeitqualität der öffentlichen Medien passt. Es ist schön und doch fühle ich bereits jetzt neue Herausforderungen. Es ist noch lange nicht vorbei. Die Fahrt in der Achterbahn beginnt erst.

Ich fühle Energien der Illusion … ich blicke, wie von ganz weit oben, auf das bunte und extreme Treiben auf der Erde und es fühlt sich trotz aller Offensichtlichkeit wie eine Illusion an. Es geht darum, sich wörtlich „abzuheben" von dem Denken der breiten Masse und es geht darum, bewusst neue Entscheidungen zu treffen. Es sind jetzt neue Möglichkeiten im Feld. Das ist nichts Neues und doch etwas Neues … ich sehe heute etwas wie einen Kreis … Dieser Kreis ist ein Durchgang. Ein Durchgang zu einer neuen Entscheidung und einer neuen Ebene.

Dieser Kreis hat einen kristallinen Reifen um sich herum … es scheint, als brenne er in sich und als riesele Sand innerhalb dieses Reifens in sich hin und her. Die Farbe des Kreises ist für mich weiß fluoreszierend … schimmernd … und trägt alle existierenden Farbpartikel in sich.
Der Reifen drumherum hat die Aufgabe von Wächtern und stellt sowohl die Frage *„Bist du wirklich bereit?"* als auch die gleichzeitige Überprüfung des energetischen Fingerabdrucks der Person. Denn nur „die eine Frequenz" erhält Einlass und die heißt VERTRAUEN und GLAUBE, auf dem Fundament der LIEBE aufgebaut.

Beeinflussung, Manipulation oder negative Absichten werden wahrgenommen und die Person abgewiesen (es zählt absolut jeder Gedanke und jede kleinste Frequenz und wird genau angeschaut). Sie erhält damit keinen Einlass/Durchlass.

ABER die Person kann jederzeit um einen neuen Einlass bitten … immer und immer wieder. Jeder bekommt eine neue Chance. Warum wird so genau differenziert? Weil kein Funke Negativität, Egoismus oder Hintergedanke der Berechnung mehr erwünscht ist. Wenn es überhaupt ein neues Gesetz gibt, dann dieses.

Alles ist freiwillig, aber die Regeln des neuen Spiels in die absolute Freiheit und Liebe mögen hart erscheinen. Wer sich widersetzt, wird komplett ausgeschlossen. Es klingt hart und grausam, aber diese Menschen müssen von der Erde verschwinden – raus aus dieser Ebene.

In meiner Wahrnehmung befinden sich bereits alle Menschen in der 5. Dimension … allerdings in einer Art Vorstufe … und jetzt wird immer stärker aussortiert und ausgesiebt. Nur wer sich ganz fein, rein und energetisch signifikant ausweisen kann, darf weiter. Das alte Spiel auf der Erde hat ausgedient und wer es weiterspielen möchte, muss das woanders tun.

Mir wird noch einmal der Kreis gezeigt. Er ist am Strahlen … wunderschön und riesengroß. Fast wie ein Wurmloch zu anderen Dimensionen oder Universen. Man sieht und findet ihn, indem jegliche alte Gedankenmuster abgelegt werden. Das erfordert Mut und Abenteuerlust UND fordert komplettes Loslassen von jeglichem Dagewesenen ein. Die Gedanken müssen rein sein und es wird die Öffnung für bisher unentdeckte Wege erwartet. Doch wie erwartet man etwas, was man nicht kennt?

Hierbei geht es um die breite Gefühlsebene. Es sollen sich Wünsche nicht mehr bildlich vorgestellt, sondern nur noch auf der Gefühlsebene als „erreicht“ energetisch eingereicht werden. Es soll also kein direktes Bild in der Manifestation erstellt werden, sondern nur die fertigen Gefühle absoluter Erfüllung in seiner größten Herrlichkeit.
Warum ist das so?

Weil es noch keine Bilder gibt, auf die sich die Manifestationen stützen könnten. Es würde sonst immer nur Altes erschaffen, was jedoch nur zu „Auslaufmodellen" zählt. Die Erde wird NEU gestaltet … komplett. Auf einer anderen Ebene existiert sie bereits und das findet sich auf der anderen Seite des Kreises.

Es kostet viel experimentellen Mut, sich von allen alten Wegen, Vorgehensweisen und Ideen loszusagen und sich NUR auf die Gefühle zu konzentrieren. WIE möchte ich mich fühlen? … und dieses Gefühl als „Bestellung ans Universum" abzuschicken. Es geht nicht darum, bestimmte Ziele zu erreichen, sondern NEU zu denken … sich für unbekannte Wege zu öffnen … für etwas, was außerhalb der eigenen Vorstellungskraft liegt und existiert. In allem Alten stecken einfach noch zu viele Muster der Angst, der Manipulation anderer Seelen und negativer Energien. Daher muss neu gedacht werden und in diesen Prozess tritt die Menschheit jetzt verstärkt ein … mit allen Konsequenzen. Daher wird es noch ordentlich rumpeln.
Unterstützung und Hilfe wird jederzeit auf geistiger Ebene geboten. Niemand ist dabei alleine und nur auf sich gestellt. Habe den Mut, ins neue NICHTS zu springen, damit sich alles Neue vor dir offenbaren kann.

Puuuuhhhh … das war die Botschaft der geistigen Welt und ich muss sagen, es geht jetzt immer mehr ans Eingemachte. Der Feinschliff beginnt und daher muss gerade alles auf der Erde sein wie es ist.
Ich hoffe, ich konnte die Bilder und Energien, die mir gegeben wurden, für euch passend in Worte kleiden, so dass ihr sie verstehen könnt.

Ich bin sehr dankbar, diese Prozesse beobachten zu dürfen und wünsche euch noch einen wunderschönen Tag voller Mut zum Wachsen, Erkennen und Experimentieren.

Der magische Wald – Öffne dich für deine Heilung

Botschaft vom 14.11.20

Ich nehme für mich heute Morgen unterschiedliche Grüntöne wahr. Sie umschmeicheln meinen Körper. Von der Farbgestaltung her sehe ich sowohl ein saftiges Mai-Grün als auch ein Olivgrün und Türkis. Diese Farben sind in stetig sanfter Bewegung, gleich einem ruhigen Fluss, und sie bringen viel Heilung mit sich. Diese Heilung empfinde ich als sehr differenziert und auf unterschiedlichen Ebenen wirkend. Auch spüre ich sie hineingreifend und Einfluss nehmend in allen parallelen Leben (und Welten). ES WIRD AUFGERÄUMT.

Jetzt muss ich lächeln, weil es so wunderschön wird … Ich sehe jetzt einen Wald … für mich ist es fast wie in einem Urwald. Die Bäume sind dicht, buschig und haben dicke verschlungene Äste. Und die Grüntöne sind unglaublich allumfassend und voller Kraft und Stärke. Die Gerüche sind satt, durchdringend und hüllen ein. Es riecht nach Moos, Rinde, Blättern, Gras und sauberem frischem Wasser. Es ist die feuchte Luft, die fast wie eigenständig reinigt. Wege oder Straßen gibt es dort nicht. Dieser Ort ist abgeschieden … eigenständig. Die Luft schmeckt klar und unendlich reinigend, wie Wasser aus einem Gebirgsfluss.
Ich spüre, dass dort Energie „getankt" werden darf, und es geschieht Heilung. Dieser Ort darf immer von Menschen besucht werden, die Heilung suchen – physisch wie psychisch.

Ich fühle mich umgeben von kleinen bunten, tanzenden Lichtfunken. Manche von ihnen haben etwas wie einen goldenen Funkennebel um ihre roten, grünen, gelben, blauen oder orangenen Lichtfunken herum. Sie tanzen umher und spielen miteinander. DORT kann aufgetankt werden und geschieht HEILUNG. Die Lichter wirken an deinen Chakren, in deinen Aura-Schichten, an und in deinem physischen Körper und reisen in unsichtbaren

Energiebahnen, die ich als kleine, silbrige „Kanäle“ empfinde, in parallele Leben hinein.
Diese Lichter tragen jedes ein unterschiedliches Bewusstsein in sich. Hier fühle ich unter anderem Fabelwesen, Elementarwesen, Engel, Geschöpfe aus der „Unterwelt“, Baumhüter und Moorgeister. Sie schwirren herum wie Glühwürmchen und gehen unbeirrt ihrer Aufgabe und „Arbeit“ nach.
All diese wundervollen Geschöpfe wirken auf jeden Menschen ein. Es ist eine automatische Hilfe und Unterstützung, die JEDEM Menschen zu Teil wird. Jeder Mensch erhält die Hilfe, die er annehmen möchte. Und es wird auch nur bei jedem Menschen auf den Ebenen gewirkt, zu denen er sein Einverständnis gibt.

Ich, als Steffi, gebe gerade ein Sinnbild des Heilungsgeschehens, welches mir von der geistigen Welt gezeigt wird. Allerdings wird mir auch dazu gesagt, dass diese Unterstützung – egal, ob der Mensch das hier liest oder nicht und ob es ihm bewusst ist oder nicht – absolut jedem zur Verfügung steht und genutzt wird. Diese Bilder können nur unterstützend dabei wirken, dass die vielen Helferlein noch tiefer und bewusster in und an den Menschen arbeiten können. Es kann sich bewusst mit ihnen verbunden werden. Sie wünschen sich sogar das Gespräch mit den Menschen … sie wollen wahrgenommen werden.
Während dieser Tages-Impuls (wann auch immer) gelesen wird, geschieht automatisch Heilung – auf welcher Ebene auch immer. Die Energie fließt mit …
Die geistige Welt möchte damit zum Ausdruck bringen, dass trotz allem Chaos auf der Erde intensiv mit jedem, der es möchte, energetisch gearbeitet wird. Und das auf eine umfangreiche Weise, wie sie intensiver nicht sein könnte. Es spielt dabei keine Rolle, was oder wer der Mensch ist … ob er „gut“ oder „schlecht“ ist. Die geistige Welt unterscheidet nicht und wertet nicht. Hier soll jedem die Möglichkeit gegeben werden, gleichermaßen im Aufstiegsgeschehen unter die Arme gegriffen zu werden.

Außer Bewusstseinssprüngen und Energieerhöhungen geschieht zeitgleich eine Vorbereitung für alle Menschen, die sich im Herzen für ein Leben in 5D+ entschieden haben. Diese Vorbereitung besteht aus energetischen Vernetzungen für telepathische Kommunikation und hebt das Bewusstsein dafür an, neue Technologien und neues Heilwesen auf die Erde zu bringen. Weiters werden die Körper auf eine neue Lichtkörper-Frequenz gebracht (geschwungen). Dieses kann nach wie vor, und jetzt noch einmal auf einem neuen Niveau, zu körperlichen Symptomen führen. Die Zell- und Knochen- sowie Sehnenstrukturen werden verändert … ihre Schwingung verändert sich (selbst die Zähne).

Diese körperlichen Arbeiten und Veränderungen sind durchaus bekannt, werden sich ab jetzt aber noch einmal verändern und intensivieren. Der Feinschliff geht auch körperlich immer stärker ins Detail und wird Ärzte immer stärker vor neue Herausforderungen stellen, denn alte Vorgehensweisen werden nicht mehr funktionieren (es bricht immer mehr weg).

Jetzt wird persönlich angesprochen:
„Bleibe im Vertrauen. Auch wenn sich nichts für dich richtig anfühlen mag. Du bist nicht alleine. Wenn es dir hilft, so nutze die heutigen Bilder, um tiefer in unsere Begleitung hinzuspüren. Geschehen tut es so oder so. Noch scheinen alle Veränderungen in so weiter Ferne, weil du nichts Sichtbares oder Greifbares in deinem Leben erkennen kannst. Und doch existiert bereits auf der anderen Seite des JETZT und HIER alles, was vorbereitet wurde und gerade wird. Vergiss nicht, dass es keine Zeit gibt. Du wirst unendlich geliebt und wir tun alles dafür, dich sanft auf deinem eigenen und persönlichen Prozess zu unterstützen."

Sooooooooooooooooooo … ich bin dankbar für diese Bilder und glücklich, sie mit euch … mit DIR … teilen zu dürfen.

P.S.: Ich sah gestern Abend Risse in der Zeit und fühlte, wie sich Realitäten überschneiden. Noch soll darüber aber nicht gesprochen werden. Doch … auch hier beginnt etwas Neues!

Verlassen der Komfortzone – Tue genau das Gegenteil

Botschaft vom 15.11.2020

Es ist sehr ruhig und still in mir, während ich die geistige Welt frage, was heute wohl von ihr kommen möge.
Mir wird ein Fenster gezeigt. Ich blicke durch das Fenster in einen hellgrauen Hintergrund ohne Landschaft. Es scheint zu regnen … Regentropfen fangen sich überall an der Scheibe und bilden vereinzelt Gemeinschaften, die sich als größere Wasseransammlung schwer ihre Laufbahn nach unten freirollen. Mal geht es senkrecht nach unten und manchmal scheinen unsichtbare Hindernisse im Weg zu sein, denn wie von Zauberhand fließen sie trotz ihrer Größe um etwas herum, wonach die Talfahrt wieder in vollem Schuss aufgenommen wird.
Überall an der Scheibe sitzen vielerorts einzelne Tropfen. Teils sind sie groß und schwer und man könnte glauben, sie warteten nur darauf, sich mit nur einem anderen Tropfen zusammen zu tun, um sich dann gemeinsam ihren Weg nach unten zu bahnen, andere sind klein und unscheinbar. Wieder andere bewegen sich, wenn der Wind sie trifft. Sie tanzen an einer Stelle und geben bei genauer Betrachtung viele kleine Lichtreflexionen zur Darbietung.

Die geistige Welt sagt mir, dass es sich mit den Menschen auf der Erde ebenso verhält. Manche bewegen sich in Gruppen … manche warten auf andere, um sich zu verbinden und dann gemeinsam mit ihnen neue Wege einzuschlagen … manche verharren still, stumm und bewegungslos auf der Stelle, anscheinend nicht in der Lage zur Fortbewegung – sie scheinen wie erstarrt – … und dann gibt es die einzelnen sich bewegenden Menschen, die unermüdlich in der Aktion scheinen und sich an der Stelle bewegen.

Wo stehst du in deinem Leben zu genau diesem Zeitpunkt? Bist du in der Aktion? Bewegst du dich? Brauchst du gerade Stille und Reflexion? Bist du alleine oder gehst du gemeinsam mit anderen Menschen?

Jetzt fluten mich gerade die unterschiedlichsten Gefühle und Energien. Was nehme ich in ihnen und mit ihnen wahr? Darunter sind Angst … Mut … neugieriges Beobachten … auf einen bestimmten Moment wartend … Ungerechtigkeit … Hilflosigkeit … Ohnmacht … Lust auf Experimente … sich ausprobieren wollen … Resignation … mit den Hufen scharren … Rebellion … Rückzug ins Schneckenhaus … Neid … Aufgeben … Ja, die Mischung ist kunterbunt und eine Reihenfolge ist nicht erkennbar.

Es ist gleich, was du bisher gefühlt hast oder welchen Wassertropfen du bisher sinnbildlich in deinem Leben dargestellt hast … Was möchtest du jetzt? Was ist dein persönlicher Lebensplan in all den scheinbar undurchschaubaren Situationen?

Tue jetzt einmal genau das Gegenteil von dem, was du bisher als Strategie gewählt hast … nur für einen Augenblick … nur für einen Tag …nur für eine Woche.
Warst du in der Aktion – gehe in die Bewegungslosigkeit. Wenn du in der Stille warst – komme in die Lautstärke. Wenn du auf der Stelle gestanden hast – bewege dich. Befandest du dich in der Bewegung – bleibe jetzt einmal regungslos stehen. Gingst du bisher deinen Weg alleine – verbinde dich mit anderen Menschen und erfahre die Gruppe. Gingst du mit einer Gruppe – bleibe nur für DICH. Sprichst du viel – schweige. Bist du still – beginne zu reden. Redest du laut – fange an zu flüstern. Hast du Angst, gehört zu werden – schreie.
Verstehst du? Verlasse alte Wege der Gewohnheit.

Handle jetzt einmal genau umgekehrt zu deinen alten Gewohnheiten. Aber sei darauf vorbereitet: … Wenn du den Mut hast, dein Gegenteil zu leben, wird sich dein Verstand zu Wort melden. Er wird protestieren … rebellieren … und dich anschreien, WAS alles passieren kann, wenn du nicht auf altgewohnte

Weise handelst. Dein Verstand wird Panik bekommen … vielleicht sogar Todesangst.
Und genau darum geht es auch gerade auf der Erde. Es geht um das Heraustreten aus jeglicher Komfortzone … verlasse sie für einen Augenblick und lasse dich auf die Gefühle und Emotionen ein, die dein Körper aufbauen wird.

Warum soll das getan werden?
„Das menschliche Denken ist noch stark festgefahren und flexibel wie Eisenbahnschienen. Das Denken darf, soll und muss weicher werden … es darf spontaner … experimentierfreudiger … abenteuerlustiger … und aus dem Herzen herauskommend intuitiver und leidenschaftlicher werden. Das alte Denken verliert jetzt mit jedem Tag mehr an Gültigkeit. Was glaubst du, soll geschehen, wenn wir sagen: „Denke ab jetzt multidimensional … denke ab jetzt um die Ecke … denke ab jetzt das Unmögliche … denke ab jetzt mit dem Herzen und nicht mit deinem Verstand!" …"

Damit ist gemeint, die alte Komfortzone des Denkens zu verlassen und damit auch die alte Komfortzone des Handelns samt allen Gewohnheiten zu verlassen. Ent-decke und er-finde dich neu und anders.
Es ist normal, dass es sich unbequem anfühlt …, dass es Angst auslöst oder sich falsch anfühlt. Doch ist es wichtig, sich einmal kurz weitab von alten Wegen zu bewegen, damit festgestellt wird, wieviel ANGST noch in dir verborgen liegt. Lasse deine Angst los und erfahre, dass damit nicht automatisch etwas Schlimmes geschieht. Vielleicht geschehen durch diesen großen Akt des Mutes auch neue Wunder in deinem Leben?!

Und „schwupps" sitze ich jetzt wieder in der Küche mit meinem Kaffee alleine. Die geistige Welt ist so wieder in den Rückzug gegangen und ich gehe jetzt in die Reflexion mit ihrer Botschaft. Ich wünsche dir einen fantastischen Tag und viel Spaß an der Umsetzung beim Verlassen deiner Komfortzone. Und nicht vergessen … alles ist freiwillig! Ich werde aber sehr gerne experimentieren und freue mich aufs Üben. Alte, gewohnte Lebenswege verlassen und neue ausprobieren …

Kinoleinwand – Werde klar im Denken

Botschaft vom 16.11.20

Ich spüre viel Unruhe in meinem Körper … jede einzelne Zelle tobt … ist in Aktion … steht irgendwie unter „Dampf". Die Farben Rot, Weiß und Blau sind in meiner Wahrnehmung. Das Rot ist intensiv und voller Feuer. Dieses Rot ist kampfbereit und fordert hohe Achtsamkeit ein, damit keine Gefahr übersehen und entsprechend schnell gehandelt werden kann.
Das Feld ist voll von dem Rot … es dominiert und wiegelt auf. Dieses Rot steckt an … daher Vorsicht!

Die Farbe Weiß wirkt neutralisierend … so wie eine weiße Kinoleinwand. Wenn der Film … wenn die Vorstellung vorbei ist, dann sind zwar die Restenergien des Filmes und die Emotionen der Zuschauer noch im Raum, aber es kehrt wieder Ruhe ein … es ist wie ein „runter Kommen" nach emotionalen Szenen der Gewalt … des Dramas … des Schmerzes … der leidenschaftlichen Liebe und des Verlangens. Alles ebbt wieder ab.
Dieses „runter Kommen" ist wörtlich gemeint. Die Menschen denken noch ZU oft und ZU viel. Sie sollen AUS ihrem Kopf kommen … Daher soll sich das Denken in das HERZ verlagern. Für IMMER.
Die geistige Welt bittet sehr eindringlich darum:

„DENKT MIT DEM HERZEN –
IMMER UND IN JEDER SITUATION."

Mir wird gesagt:

*„Die Farbe **Rot** wird auf energetischer Ebene noch länger vorherrschend im Feld sein. Nimm sie wahr, doch schenke ihr wenig Beachtung. Und doch nimm sie ernst und bleibe verstärkt in der Achtsamkeit … sei*

gewarnt und handle stets intuitiv. Dein Verstand – deine Ratio – kennt die Wahrheit nicht.
Sobald du einmal Angst, Furcht oder innere Unruhe spürst, nimm dich zurück. Stelle dir die weiße Kinoleinwand vor und KOMME RUNTER. Komme wieder ganz bei DIR an. Die ***weiß****e Kinoleinwand ist auch das NICHTS, aus dem alles geboren und erschaffen wird.*
Nimm auch deine Gefühle und Emotionen wahr, aber neutralisiere sie augenblicklich, wenn du merkst, sie tun dir nicht gut. BLEIBE BEI DIR!"

Das **Blau** fühlt sich sehr beschützend an ... es kann sehr sorgsam einhüllen und dich von allem Negativem abschirmen. Ich fühle Erzengel Michael. Er scheint besonders stark zu wirken und ist sehr achtsam.
Zum Blau streift sich zart ein Rosa hinzu. Es sorgt für die Hingabe, das Unberührte ... das Bedingungslose aus dem Herzen. Diese Energien sind für mich sehr kindlich, rein und ein wenig naiv.

Ok ... es sind große Prozesse am Laufen. Es fühlt sich für mich wie Kämpfe ... sehr große Kämpfe ... an. Sie geschehen im Hintergrund des menschlichen Bewusstseins und auf unterschiedlichen Ebenen ... sie werden gefühlt, aber nicht gesehen. Das, was sichtbar ist, ist nur die Spitze eines Eisberges. Mehr brauchen wir dafür nicht zu wissen. Wer hellsichtig ist, erhält für sich andere tiefere Einsicht.

Worum es geht, ist, ganz bei sich zu bleiben. Egal, wie es sich anfühlt. Mancher Schein trügt ... manches Bild ist eine Illusion ... manche Worte eine Lüge ... manche Gefühle ein Hirngespinst, erschaffen aus einer haltlosen, fehlinterpretierten Verstandesebene heraus.

**Bleibe in deiner Mitte ... Bleibe in deinem Herzen ...
Bleibe im Vertrauen.**

Die heutigen Bilder rufen auf, in der ACHTSAMKEIT zu bleiben. Wenn notwendig, rufe dir die weiße Kinoleinwand

ins Gedächtnis. Schaue sie so lange an, bis du wieder runter kommst … bis du wieder ganz BEI DIR bist. Tauchen wieder Bilder auf der Leinwand auf, lasse die Leinwand wieder WEISS werden … neutralisiere sie. Du kannst das!
Wenn du das Gefühl hast, in deinem Leben oder auf der Erde tobt der Bär, schaue auf die weiße Leinwand. Sei dabei konzentriert und klar. Gib jeglicher Energie, die dich aus deinem Gleichgewicht reißt, keine Energie mehr.
Übe das … es wird immer wichtiger werden. Übe, schnell runterzukommen und ganz bei DIR zu bleiben. **Nur ein klarer Kopf kann klar und weise handeln**.

Und „schwupp" sind wieder alle Bilder weg. In mir kehrt wieder Ruhe ein, auch wenn mein Körper noch die Unruhe spiegelt. Lasse alle Farben zu, die dir gut tun … lasse alle Bilder zu, die dir gut tun … lasse alle Gefühle zu, die dir gut tun. GIB AUF DICH ACHT. Hole dich gleich raus, wenn es unangenehm wird. Lasse dich nicht auf das Spiel mit der Farbe Rot ein … bleibe neutral im Weiß und spüre den Schutz des Blau.

Etwas passiert gerade im Hintergrund. Wisse das, wenn du etwas fühlst, was du nicht zuordnen kannst und was dich aus deiner Bahn wirft. Bleibe ganz bei dir und du kannst vollkommen sicher und geschützt fühlen. Es wird alles gut … wisse DAS … vertraue!

Ich wünsche dir einen guten Start in das neue Jetzt. Mache deinen Herzensraum weit und halte dich darin auf. Du trägst den besten Schutz direkt bei und in DIR.

Entrümpelung – Reflexion und Eigenverantwortung

Botschaft vom 17.11.20

Ich sitze jetzt in der Küche und vor mir steht mein Becher Kaffee. Es kommen weder Bilder noch Gefühle. Aber mein Körper ist innerlich am Vibrieren ... ist immer noch unruhig und aufgeregt.

Jetzt kommt die klare Aufforderung für diese Botschaft: **Gehe mehr in deine Reflexion ... du übersiehst noch zu viel!** (Es ist fast wie ein lauter, durchdringender Weckruf.)

Ich frage die geistige Welt, warum ich das heute Morgen übermitteln soll ...

„Die Energien werden immer feingliedriger, immer konzentrierter und bedingungsloser und als Manifestation umgesetzt. Sprich: Es wird sich immer schneller alles manifestieren und in der inneren und äußeren Materie sichtbar werden. Das Unterbewusstsein wird entrümpelt und das hat für den einen oder anderen Menschen massive Konsequenzen. Es geschehen Dinge, die er eigentlich nicht erleben oder erfahren möchte und auch nicht bräuchte.

Es geht heute um Achtsamkeit in den Gedanken.
Es geht heute um Achtsamkeit im Handeln.
Es geht heute um die Reflexion des Unbewussten und um das Bewusstwerden des gesamten Lebens und SEINS.
Es geht um das absolute SEIN im Jetzt.

Es gibt noch zu viele Menschen, die den Aufstieg als ein Spiel betrachten. Auf eine gewisse Weise ist es das auch, doch machen sie sich nicht wirklich alle Konsequenzen bewusst.
Ihr tretet jetzt ein in eine Realität, in der sich immer augenblicklicher zeigt, wie es in euch aussieht, wo eure Ängste liegen und wo ihr unaufmerksam seid. Die Konsequenzen sind also keine Bestrafung, sondern nur ein Spiegel eures SO SEINS.

Wer meint, der Aufstieg ist ein Spiel, wird sich wundern. Der Aufstieg ist ein Spiegel eures Selbst. Warum ist das so?
Weil sich alle Energien in Form von sichtbarer Materie zeigen – sprich manifestieren.
Viele Menschen möchten den Aufstieg (und er beginnt erst gerade) erfahren, wollen aber nicht wirklich etwas tun. ***Das notwendige TUN ist ein passives TUN****. Es beginnt IN DIR SELBST … IN DEINER REFLEXION … in deinem Alltag … im Beobachten dessen, was dir widerfährt … im Beobachten deiner Gedanken und Gefühle. Verstehst du, was wir meinen?*

Die 5. Dimension + bringt Konsequenzen mit sich … viele Konsequenzen. Lerne, deine Energien zu fokussieren. Der Aufstieg in die neuen Dimensionen stellt neue Bedingungen und Regeln auf. Eine dieser Regeln ist: ALLES, was du denkst und fühlst, wird sich dir präsentieren und im Außen manifestiert. Ebenfalls alle unterdrückten Gefühle und Ängste sowie unterdrückte Muster und Verhaltensweisen. Und ALLES kommt in vielfacher Form zu dir zurück.
Energien verbreiten sich in Wellen und kommen je nach Intensität der Aussendung im entsprechenden Maße zu DIR zurück – immer!!! Positiv wie negativ.

Was würde in deinem Leben … im Hier und Jetzt … geschehen, wenn sich jedes deiner Gefühle in äußeren Umständen manifestieren und zeigen würde?
Und genau ***das*** *wird geschehen. Immer stärker und immer schneller. Daher ist es unabdingbar, dass du lernst, deine Gedanken, Gefühle und dein Handeln (alles, was du in jeglicher Form aussendest), zu beobachten, um die Energien augenblicklich einzudämmen und zu transformieren, falls erforderlich. Sonst erschafft sich die Menschheit ihre eigene Hölle auf Erden, denn Ängste greifen immer noch massiv um sich.*

Beginnt, die volle Eigenverantwortung für all euer Denken, Fühlen und Tun zu übernehmen.

Bitte erstelle immer mal wieder eine Liste deiner Gedanken und der daraus resultierenden Gefühle. Schreibe alles auf, was du aktuell denkst,

fühlst, sagst und wie sich dein Körper anfühlt … wie er auf dich selbst reagiert. Bedenke immer, dass dein Körper nur dein SO SEIN widerspiegelt … nicht die Welt draußen, sondern DICH.
Schreibe auch deine Wertung auf. Was verurteilst du noch oder kannst du alle Umstände so annehmen, wie sie sind? Es geht darum, sich jeglicher Energien bewusst zu sein, die ausgesendet werden.

Wann und wo bist du unaufmerksam oder unkonzentriert? Was lenkt dich vom Leben … vom SEIN deines SO SEINS ab (Fernseher, Radio, Nachrichten, Computer usw.)?

Alles wird 1 zu 1 zu dir zurückkehren. ***Das Gesetz der Resonanz*** *verstärkt sich immer mehr und greift umso schneller um sich, desto bewusster du wirst … wisse das und mache dich darauf gefasst. Ab der Ebene der 5 Dimension ist Verantwortlichkeit angesagt. Die Verantwortlichkeit von* ***Ursache und Wirkung****.*

Bringe dich selbst immer wieder in die Liebe.
Bringe dich selbst immer wieder in Zufriedenheit.
Bringe dich selbst immer wieder in Dankbarkeit.
Bringe dich selbst immer wieder in Ruhe.
Bringe dich selbst immer wieder in Harmonie.
Bringe dich selbst immer wieder in die vollkommene Balance – ins Gleichgewicht.
Bringe dich selbst immer wieder in den Mittelpunkt deines SEINS … ins Herz zurück.

Darum geht es jetzt noch einmal stärker denn je. Bleibe GANZ BEI DIR SELBST.

Handle bedacht, bewusst und konzentriert. Löse dich von jeglicher Unkonzentriertheit. Es sei denn, du bist in einem Zustand der Liebe, des Glücks oder der inneren Balance.
Vordergründig geht es darum, negative Energien zu erkennen und einzudämmen … einem negativen Feuer kein Brennmaterial zu liefern. SCHÖNES dagegen darf immer reichlich genossen und verstärkt werden.“

Ich wünsche dir als Steffi einen segensreichen Tag. Ja, der Feinschliff nimmt zu … das ist zu merken. Wir packen das! Ihr macht das großartig. **Du** machst das großartig. Glaube an dich.

Öffne dich für Magie – Überprüfe deine Erwartung

Botschaft vom 18.11.20

Es beginnt heute sehr spontan mit Bildern.

Ich laufe über einen bewachsenen Weg, gesäumt von Büschen und Bäumen. Saftig **grün**e Blätter schimmern von allen Seiten im Schein der **goldenen** Sonne. Alles fühlt sich so richtig „satt" an … satt, in Form von geballten Energien … alles ist vorhanden. Auch die Welt drumherum fühlt sich sehr perfekt und vollkommen an.
Ich merke als Steffi, dass die Frage aufkommt, ob das denn wirklich sein kann, dass nirgendwo Leid vorhanden ist, und DA greift die geistige Welt sofort ein. Ich kann spüren, dass sie sogar darauf gewartet haben, dass es geschieht.

„Genau darum geht es noch! Ihr wünscht euch auf der einen Seite die Fülle, die Sicherheit, den Schutz, die Perfektion und doch zweifelt ihr sofort … hinterfragt und erwartet fast, dass sich das Blatt wendet. Es geht um eure ER-WARTUNGEN. Ihr wartet auf etwas … doch was ist es, das ihr erwartet? Könnt ihr euch ein Leben ohne Krieg, ohne Drama, ohne Tod überhaupt vorstellen?

ER-WARTUNG … worauf wartet ihr? Was erwartest DU? Sobald ein Zustand für dich perfekt und wunderschön ist, fragst du dich, wie lange das noch so weitergehen kann. Wisse … damit beendest du diesen Zustand.

Das menschliche Unterbewusstsein ist voll von alten Erwartungen. Diese Erwartungen … dieser Zweifel … stecken noch tief abgespeichert im Zellenbewusstsein. Schaue dir jetzt einmal zwei Varianten der Erwartung an: Es gibt die Erwartungen des Bewusstseins und die Erwartungen des Unterbewusstseins. Das Bewusstsein erwartet Liebe, Frieden, Fülle und Beständigkeit. Hier steckt die Hoffnung. Das Unterbewusstsein erwartet das Ende von allem, aus der Angst heraus, es wieder zu verlieren.

Was kannst du tun?
Setze einen neuen Fokus. Höre auf mit jedem „Ja, aber …!“.
Alte Denkgewohnheiten brauchen Zeit, um sich wandeln zu können.
Ist das so? Oder erwartest du es nur so? Spüre da mal hinein …

Wir wissen, dass es viele von euch leid sind, sich mit sich selbst zu beschäftigen … mit sich selbst zu arbeiten … und sie hoffen, der Kelch möge an ihnen vorbeiziehen und dass plötzlich mit dem Eintritt in die 5. Dimension alles vorbei und anders ist … dass plötzlich alles für immer GUT ist. So ist das aber leider nicht.
Es wäre aber so, wenn jeder Mensch auf der Erde bedingungslos und durch und durch auf das lichtvoll Positive ausgerichtet wäre – wenn es jeder er-warten würde. Jeder eurer Wünsche wird bedingungslos erfüllt (positiv wie negativ), doch auch Erwartungen sind Wünsche … wenn auch auf einer anderen Ebene.

Glaubst du an das, was du dir wünschst, oder kommen auch da Zweifel in dir hoch?
Er-wartest du, dass alles auf die schönste und perfekteste Art geschehen wird? Oder kommen auch hier Zweifel?

Wir, als positiv, lichtvolle geistige Welt, unterstützen euch/DICH in jeder Hinsicht, nur abnehmen können wir euch nichts.

Du wünschst dir Frieden … so er-warte den Frieden … so er-lebe den Frieden in dir.
Du wünschst dir Liebe … so er-warte die Liebe … so er-lebe die Liebe in dir.
Du wünschst dir Hoffnung … so er-warte die Hoffnung … so er-lebe die Hoffnung in dir.
Du wünschst dir Glück … so er-warte das Glück … so er-lebe das Glück in dir.
Du wünschst dir Leichtigkeit … so er-warte die Leichtigkeit … so er-lebe die Leichtigkeit in dir.
Du wünschst dir eine Absolution … so er-warte die Absolution … so er-lebe die Absolution in dir.

Warte nicht darauf … SEI, was du ERWARTEST und was du SEIN WILLST!
Warte auf nichts mehr … SEI ES.
SEI das NICHTS und ER-WARTE ALLES.

ERWARTE alles und lasse dann jegliche ER-WARTUNG LOS.

Lerne, das Schöne anzunehmen! Setze es als SELBST-VERSTÄNDLICH voraus …
die Selbst-verständlichkeit des ICH BIN aus dem SO SEIN.“

Und „schwupp“ sind sie wieder „weg“. Ich liebe ihre Spontaneität. In mir arbeitet es gerade ziemlich. Also lasse ich den heutigen Impuls einfach mal nachwirken. Ich wünsche euch … ich wünsche DIR … einen kraftvollen und wunderschönen Tag.

Mut zum Erwachen – Öffnung deiner Hellsinne

Botschaft vom 19.11.20

Ich sehe rote Wolken … fast wie ein rötlicher, dichter Smog … die Luft riecht leicht süßlich und engt stark ein und ich sehe weinende Menschen … fast hysterisch schreiende Menschen.

lach … ich wünsche euch heute auch einen guten Morgen, liebe geistige Welt. Geht es bitte etwas freundlicher? Was ist mit diesen Bildern gemeint? Und jetzt bitte etwas sanfter!

Ok … Entwarnung … es ist **kein** kommendes Drama, sondern ein innerer Zustand, in dem sich derzeit viele Menschen auf der Erde befinden. Es beschreibt den Zustand durch die erwachenden Hellsinne. Denn immer mehr Menschen öffnen ihr Bewusstsein und wachen auf. Für viele beginnt es wie zarte Gefühle, die immer klarer und stärker werden. Es wird ihnen bewusst, dass sie Altes und Liebgewonnenes hinter sich lassen müssen. Das können alte Gewohnheiten, alte Berufe, alte Wohnsituationen oder alte Lebensumstände mit Menschen oder Tieren sein. Sie spüren Veränderungen, doch sie können es nicht greifen und das macht Angst. Sie spüren eine Art von Trauer, obgleich sie noch nichts sehen … nichts erkennen können. Das macht Angst.

„Die Menschen warten jetzt schon so lange auf den großen Moment des Aufstiegs und schon so lange bereiten sie sich auf unbewusster Ebene darauf vor. Sie wussten, dass es sehr viele Neuerungen geben würde, doch jetzt wird es ernst.
Die Hellsinne brechen bei den Menschen auf, wie Samen im Boden … bei dem einen bisher stärker, bei dem anderen noch sehr schwach oder auch gar nicht. Doch bei allen beginnt dieser Prozess der Öffnung. Und dieser Prozess ist freiwillig, wenn auch notwendig für 5D+.

Mit dem Beginn der Öffnung beginnen die Energien anders zu fließen (es werden damit neue energetische Verbindungen aktiviert), weil

jeder fühlt, dass jetzt etwas Neues und nicht Greifbares beginnt. Die Hellsinne öffnen sich bei jedem von euch anders. Beim einen mögen es Vorahnungen oder ein klares **Hellwissen** *sein, die gefühlt oder bereits als Traumbotschaft oder Tages-Vision gesehen werden. Andere von euch* ***fühlen*** *Unsichtbares oder* **schmecken**, **hören** *und* **riechen** *etwas aus der Zukunft oder Vergangenheit. Hast du schon einmal die Zukunft geschmeckt?*
Es kann ab jetzt passieren, dass plötzlich unterschieden werden kann, ob jemand lügt oder nicht … ob die breiten gesellschaftlichen Medien die Wahrheit sagen, oder was plötzlich die eigene Wahrheit ist.
Alles wird sich verändern. Die Schwelle zum nächsten Schritt wurde eröffnet – ein großes Portal durchschritten. DU wirst ER-ÖFFNET.
Dieser Prozess beginnt unterschiedlich sanft. Es ist jetzt mehr als wichtig zu wissen, dass deine Seele genau weiß, was zu tun ist. Du brauchst dich nur darauf einzulassen … mehr nicht.
Wer und was sich innerlich dagegen sträubt und wehrt, sind der Verstand, das Ego, der innere Kritiker und das innere Kind. Sie sind es, die verstärkt in die Opferrolle fallen können. Deine Seele sieht es klar und hat schon sehr lange auf diesen Augenblick gewartet.
Jeder von euch ist auf etwas Neues … auf DAS Neue … vorbereitet worden (seit vielen Jahren). Dieses fand zunächst unbewusst statt, doch immer mehr wird sich Klarheit offenbaren. Was früher als Hirngespinste der Fantasie abgetan wurde, wird jetzt auf den Tisch kommen und Realität.
Daher gibt es für sehr viele Menschen jetzt mehr oder weniger große Lebensumbrüche … teilweise sehr einschneidend und lebensverändernd. Lerne ab jetzt, neu zu denken. Löse dich von alten Denkstrukturen … wir erwähnten das bereits.
Traue dich, dich in das Neue, was durchaus Angst machen kann, hineinfallen zu lassen. Doch wisse, dass die Angst nur aufgrund von inneren Rebellionen in dir aufkommen kann. Wenn du dich dagegen wehrst, wirst du leiden und Schmerz empfinden. Lässt du dich vertrauensvoll fallen, wirst du augenblicklich neue Lösungen erhalten. Du wirst beschützt – immer!

Keine Angst, du brauchst mit deinen Hellsinnen noch nicht arbeiten oder sie gar beherrschen. Dein „dich drauf Einlassen“ reicht. Alle restlichen

Schritte werden sich automatisch er-geben … es wird dir ge-geben. Es geht zunächst um ein spielerisches Experimentieren … es geht um das Wahrnehmen und Beobachten … mehr nicht.
Viele von euch wollen gerne ihre Hellsinne endlich umfangreich nutzen können, aber wenn es geschieht, macht es Angst. Nicht alles, was man sieht, ist schön … nicht alles, was man hört, gefällt … nicht alles, was man fühlt, ist angenehm …
Spiele damit, wenn du merkst, es beginnt, und keine Angst … niemand wird dabei vergessen. Erzwinge nichts, es wird geschehen. Es geht gar nicht anders.

Wir werden mit euch noch oft über den Gebrauch eurer Hellsinne und ihre Bedeutung sprechen … habt Geduld. Für den jetzigen Moment reicht es, euch die Gewissheit zu bringen, dass es geschehen wird … und zwar sehr bald.
Legt eure Erwartungen ab, denn sie begrenzen euch in der Öffnung. Auch wenn sich bei dir bereits deine Hellsinne geöffnet und gezeigt haben, sei darauf vorbereitet … sie verändern sich noch einmal stark. Denn eine weitere Stufe ist erreicht worden. Daher können sich die von euch, die mit ihren Hellsinnen noch gar nichts zu tun hatten, auf große Schritte vorbereiten. Freut euch darauf. Es werden sich Menschen und Mitglieder eures geistigen Teams finden und euch zur Seite stehen, die euch durch euren persönlichen Erwachungsprozess begleiten. Niemand ist alleine – jeder bekommt Hilfe auf seinem Weg. Und nicht vergessen, ALLES ist FREI-WILLIG.
Das bedeutet, dass jede Seele ihr Einverständnis dazu gegeben hat, was jetzt immer mehr und mehr geschieht.

Wenn der Zug einmal ins Rollen gekommen ist, gibt es kein An- oder Aufhalten mehr. Vereinzelt kann das Tempo kurzfristig reduziert werden, aber der Zug wird immer mehr an Fahrt aufnehmen. Deine Seele kennt dich und hat entsprechende Anweisungen eingereicht.

VER-TRAUE.“

Und schon sind sie wieder weg und ich sitze wieder alleine mit meinem Kaffee in der Küche.
Ich wünsche DIR einen getragenen Donnerstag voller Erkenntnisse.

Erinnere dich an die Zukunft – Ein neuer Erfindungsgeist

Botschaft vom 20.11.20

„ERINNERE DICH AN DEINE ZUKFUNFT und DEINE ZUKÜNFTIGEN FÄHIGKEITEN."

Damit beginnt der heutige Impuls … Erinnere dich an deine Zukunft … Ok, wie soll dieser Satz … diese Botschaft für die jetzige Zeit verstanden werden?

„Das Denken der meisten Menschen bezieht sich auf die Erfahrung der Vergangenheit. Doch behalte immer im Hinterkopf, dass ihr multidimensionale Wesen SEID und euch jetzt nicht mehr auf die Erfahrungen der Vergangenheit stützen und berufen könnt. Sie haben keine Gültigkeit mehr, weil sie auf „alten dreidimensionalen Gesetzen" beruhen. Es muss frei gemacht und geöffnet werden der Raum von „neuen Gedanken" … „neuen Erfindungen" … „neuen Möglichkeiten" … für ein „neues ICH" in einer Zeit der „neuen Welt" auf der „neuen Erde". Hört auf, zurück zu denken … denkt nach VORNE. Wie soll das aber funktionieren, möchtest du vielleicht fragen?

Sich an die Zukunft zu erinnern, klingt aus der jetzigen menschlichen Sicht vielleicht etwas schwierig und sehr verwirrend, doch es geht. Es ist sogar leichter als du jetzt annehmen magst … das können wir gut verstehen.
Erinnere dich … wir sprachen gestern von deinen Hellsinnen … und über diesen Weg geschieht das auch. Du kannst dich ***nicht*** *mit der „Ratio deines Verstandes" … mit deiner logischen Ebene an etwas erinnern, was noch nicht geschehen ist und noch keine Erfahrungen darüber in deinem Bewusstsein und Unterbewusstsein gesammelt wurden. Versuche es erst gar nicht, es wird scheitern. Höre auf, es „er-denken" oder sogar erzwingen zu wollen.*

Die ERINNERUNG liegt tatsächlich tief IN DIR … nimm es wörtlich. Die Erinnerung geschieht durch Hellwissenheit. Dieses Wissen kommt aus deinem Inneren und kann nicht erzwungen werden, denn es wird noch erschaffen. Auch wenn es auf einer anderen Ebene bereits existieren mag … oder auch noch nicht … Alles ist immer möglich. Fühle mal hinein … WAS ist eine ER-FINDUNG? Nimm es wörtlich. Etwas wird ER-FUNDEN … jemand findet etwas. Das Wissen darüber findet in den tiefsten Ebenen deines Menschseins statt … auf einer Ebene, die für dich wahrgenommen vielleicht wie eine ferne Dunkelkammer der Existenz erscheinen mag.

Knipse DAS LICHT dieser Dunkelkammer an und mache diesen neuen Raum in dir zu einer kreativen Werkstatt … zu einem Atelier … zu einem ENT-BINDUNGSRAUM … denn hier wird NEUES erschaffen und geboren. Dieser Raum ist hell … voller Farben … voller Symbole … voller Formen … voller Möglichkeiten … Dieser Raum ist voller Energie und wartet nur darauf, von dir genutzt zu werden.
Wie sieht der Schlüssel zu diesem Raum aus, möchtest du wissen? Wie kommst du hinein?
Einlass bietet vielleicht zunächst eine vage Ahnung von etwas in Form von inneren Bildern oder Visionen. ODER du verbindest dich mit diesem Raum und öffnest dich bewusst für ihn.
Die Wege dort hin sind unterschiedlich. Sie alle zu beschreiben, dauerte zu lange, aber das Grundprinzip ist immer dasselbe. Nur wer versucht diesen Prozess zu erzwingen, wird scheitern. Es muss aus sich selbst heraus entstehen. Und eine weitere Regel ist, dass jegliche ER-FINDUNG rein positiv sein muss und für alle Menschen effizient und nachhaltig einzusetzen ist. Wer reich werden oder Profit daraus schlagen möchte, wird zu Fall kommen.

Wir wissen, dass noch so manch' ein Mensch von diesen Impulsen überfordert sein wird. Das ist in Ordnung. Wenn du dazu gehören solltest … kein Problem. Von tausend Menschen werden vielleicht 1–10 darunter sein, die plötzlich ganz genau spüren können und wissen, was sie jetzt tun sollen. Es sind Vorreiter der neuen Evolution … es sind Wegbereiter, die JETZT gerufen SIND, sich an die Zukunft zu erinnern. Alles, was sie dafür brauchen, ist die Gabe des Hellwissens und der übrigen

Hellsinne. Übrigens … wir sind äußerst erfreut darüber euch mitteilen zu können, dass sehr bald noch weitere Hell-Kanäle für euch eröffnet werden. Aber darüber später mehr.

Unsere Empfehlung und Bitte an und für euch … für DICH, falls du zu den vielen Gerufenen, die jetzt als Vorreiter auserwählt wurden, zählst und gehörst:
Öffne dich … lege deinen Schalter um auf EMP-FANG und FANGE die Impulse auf, die der Grundbaustein auf energetischer Ebene SIND. Du wirst ein Gespür dafür finden, was zu tun ist … was noch wachsen und reifen muss und wie es weitergeht … worauf du jetzt achten sollst. ALLEINE das LESEN dieser Botschaft dient als Energie-Überträger und öffnet euch … öffnet DICH.

Wir freuen uns auf dich … mit DIR zu wirken und zu erschaffen auf einer anderen Ebene. Hast du erst einmal den Raum gefunden, stellen wir dir, gemeinsam mit vielen anderen multidimensionalen Wesen von anderen Sternen und Universen, Wissen, Materialien und Werkzeuge zur Verfügung. Mit ihnen wirst du dich austauschen und Technologien der Zukunft und aus anderen Seins-Ebenen geschenkt bekommen. Freue dich darauf.

Wenn du dies alles liest und kannst damit nichts anfangen, so mache dir nichts daraus. Wir werden demnächst immer mehr über die Öffnung der allgemeinen Hellsinne sprechen. Du kannst es langsam und in deinem eigenen Tempo angehen lassen. Diese Öffnung geschieht automatisch. Wir wollten mit dieser Botschaft nur einen allgemeinen Weckruf starten und die entsprechenden Menschen „aktivieren". Es braucht dir keinen Druck zu machen.

Wir möchten darum bitten, diese Botschaft so weit wie möglich zu verbreiten, weil in ihr bestimmte Öffnungen angelegt sind, die Weiteres mit sich bringen und aktivieren. Verbindet euch und sprecht miteinander. Viele von euch werden in neuen Gruppen daran arbeiten. Vielen DANK!"

Und weg sind sie wieder … Puuuuuuhhhhhh … was für Informationen.

Lasst sie wirken und bitte … macht euch keinen Druck … mache DIR keinen Druck. Wer unter euch gerufen ist, wird es spüren oder sehr bald aus tiefstem Herzen wissen.

Eine neue Aura entwickelt sich – Neue Manifestations-Energie

Botschaft vom 21.11.20

Ich nehme Quanten-Energien in meinem Feld wahr. Meine Aura ist voll von ihnen. Für mich fühlen sie sich rund an … weich – ich kann sie eindrücken und sie füllen sich automatisch wieder aus – … neutral und doch voller Power.

„Bei jedem Menschen, der sich für den Dauer-Einlass in die 5. Dimension + entschieden hat, verändern sich nach und nach immer stärker die Energien in der Aura. Durch die Aura wirken große Prozesse. Angefangen von einer in mancherlei Hinsicht automatischen Reinigung und Heilung … der Erschaffung/Manifestation … des Schutzes … der Sensibilität und der Hellsinne.
Dieses wird sich selbstständig aus sich heraus weiterentwickeln.

Jeder Aura-Bereich entwickelt sich in seiner Qualität weiter, gleich, auf welcher Ebene der einzelnen Körper. UND die Aura gewinnt an Weite … sie dehnt sich um ein Vielfaches aus … sie verändert ihre Farbe auf der „Außenhaut“. Sie bekommt ihre eigene, individuelle Identifikation … eine Art Namen, mit dem ihr euch untereinander erkennen könnt.

Wusstest du, dass du nur, indem du dich mit dem eigenen Energiefeld deiner Aura verbindest, zum Beispiel mit Quantenheilung arbeiten kannst? … Ganz automatisch? Du kannst natürlich noch deine Hände bzw. deine Finger dafür benutzen, aber du brauchst es nicht mehr. Es reichen deine bewusste Absicht, deine Intention und deine Konzentration. Benutze öfters die Verbindung zu deiner Aura und du wirst dich wundern, was für neue Möglichkeiten du durch sie bekommst.

Der Möglichkeitsraum deiner Aura wird noch viele für euch spannende Erkenntnisse bereithalten. Beginne mit diesen Energien zu experimentieren und zu spielen, wenn du dich dazu eingeladen fühlst. Viele der alten Methoden und euch bekannten Techniken der Energiearbeit werden sich verändern, erneuern oder sich sogar ganz auflösen, weil sie

zu dreidimensional wirksam sind. Sie werden wie überarbeitet und auf 5D+ angepasst.
Keine Angst … jeder von euch wird – wenn es so weit ist – damit arbeiten können. Es bedarf keiner Ausbildung, weil die Wissens- und Erinnerungs-Kanäle bei jedem von euch automatisch geöffnet werden. Dann ist jegliches Wissen da. Aber es wird große Freude bereiten, gegenseitig miteinander zu üben und die neuen Möglichkeiten auszuprobieren. Freut euch auf große Erfolge in eurer Arbeit. Vieles, was bisher schwierig oder unmöglich erschien, wird sich offenbaren und ER-GEBEN. Es wird DIR ge-geben. Du erhältst es … du trägst die Genetik dazu bereits in dir. Alles ist bereits angelegt.

Die menschlichen Energiefelder werden derzeit vollständig überarbeitet, angepasst und für die, die ihr Einverständnis dazu gegeben haben (für 5D+), neu ausgerichtet … neue Schaltkreise aktiviert … Verbindungen gereinigt und mit neuen Kommunikationskanälen verbunden. Du kannst erkennen, es geschieht vieles. Sehr vieles … und es mag so manch einen von euch sogar etwas überfordern. Das kann sein … Gib dich in dem Fall dem Neuen hin … lasse dich auf das Neue ein. Überfordert bist du nur, wenn du versuchst, mit deinem Verstand zu begreifen, was passiert und dann keine für dich stimmigen Bilder dazu im Kopf produziert werden können. Höre auf zu denken! Höre auf zu bewerten … LASSE GESCHEHEN.

Alles geschieht automatisch und deinem Tempo angepasst. Bleibe einfach geöffnet und lasse geschehen. Du brauchst weder etwas zu forcieren noch etwas zu erzwingen. Es reicht das Wissen darüber, dass Veränderungen kommen … große Veränderungen. Aufgrund dieser Veränderungen an eurer … an DEINER Aura, kann es immer wieder mal zu körperlichen Beschwerden kommen. Sei darauf vorbereitet.

Zur menschlichen Aura gehören nicht mehr nur die Dimensions-Kanäle nach „oben“ und „unten“, sondern viele weitere energetische „Neben-Arme … Neben-Kanäle“ (diese zeigen in alle Richtungen, wenn man sich den menschlichen Körper als Mittelpunkt vorstellt). Die unter euch, die ihre Hellsinne bereits nutzen, werden sie immer stärker wahrnehmen können. Wir werden zu gegebenem Zeitpunkt darüber sprechen, wenn es funktions-wichtig für euch wird. Bis dahin ruht es, wie ein neues Spielzeug in euren „Kinderzimmern". Noch braucht ihr die Komplexität nicht zu begreifen.

Wir lieben euch/DICH unermesslich und freuen uns darauf, endlich mit euch auf vollkommen neuen Wegen zu agieren."

Und „schwupp" sind sie wieder weg. Ich wünsche euch einen fantastischen Start in den neuen Tag. Bleibe stark und zentriert bei dir. Wundere dich über nichts und erwarte Großes.

Das Zugabteil – Wo stehst du gerade?

Botschaft vom 22.11.10

Mir wird die weiße Kinoleinwand gezeigt. Ich merke, wie Energien an mir reißen … fühle mich unruhig … angespannt. In meinem Leben ist gerade viel los. Deswegen soll ich auf die Leinwand schauen … mich in die Neutralität bringen.

„BESINNE DICH AUF DAS WESENTLICHE – BESINNE DICH AUF DEINE WAHRHEIT.“

„Die Menschheit steht noch immer ganz am Anfang in einem Prozess, der die Welt auf den Kopf stellen wird. Und das immer stärker und immer intensiver. Es wird Unruhen geben IN DIR … IN deinem Umfeld und auf der ganzen Erde. Wenn du darauf hoffst, es ist bald vorbei, täuschst du dich. Dich holt kein Raumschiff ab, das dich rettet und du stehst auch nicht morgen Früh auf und plötzlich ist alles im energetischen Raum auf „5D+“ eingestellt. Du musst diesen Weg selbst gehen … dir selbst bahnen … aber nicht den Weg der breiten Masse, sondern DEINEN WEG, auch wenn du dich selbst immer mal wieder als ein Irrlicht empfinden magst.

*Dieser große Wandel … dieser **größte** Wandel der ganzen Menschheit und Erde überhaupt, ist ein Prozess. Bei diesem Prozess werden Menschen rebellieren, weil sie alte Sicherheiten verlieren, weil sie Angst bekommen und nicht einschätzen können, was derzeit geschieht. UND du … auch du wirst immer wieder auf die Probe gestellt … kurzfristig rebellieren, weil dir vielleicht alles zu schnell geht … weil du gerade nicht weißt, wo du stehst … weil sich so vieles in deinem Leben verändert … weil so vieles wegbricht und Leere hinterlässt … weil du dich selbst nicht wiedererkennst und dich fragst, WER DU eigentlich BIST?*
Es geht dabei darum, sich selbst NEU zu finden. DICH SELBST zu FINDEN.

Die Menschheit spaltet sich gerade scheinbar immer mehr und mehr. Es gibt die, die sich auf den neuen Weg der Erde einlassen und ihn – wenn auch noch ängstlich, weil er sich doch irgendwie aus unerfindlichen Gründen richtig anfühlt –, gehen. Es gibt die Menschen, die genau wissen und sehen, was geschieht und was kommen wird. Sie gehen mutig ihren Weg trotz Angriffen und Aufruhr. UND dann gibt es die Zweifler, die sich nicht öffnen möchten. Sie kämpfen für das alte System und den alten Weg. Wieder andere waren erst komplett in der Rebellion und öffnen über Nacht ihr Bewusstsein und „er-kennen". Wozu gehörst du? Bitte wisse … es wird nicht jede Person aus deinem Umfeld auf die gleiche Reise gehen wie du. Lasse jeden Menschen dort stehen, wo er stehen möchte, doch reiche ihm eine Hand, wenn er Hilfe sucht oder verweise an jemanden, der es kann.

Die Welt befindet sich in einer Art Trauerprozess. Es wird Abschied genommen von etwas Altem … von etwas Greifbarem. Im Gegensatz muss etwas Neues und Unbekanntes ge- und erfunden werden. Was macht einen Trauerprozess aus?
Es wird rebelliert … es will nicht angenommen werden (das kann doch nicht sein – nicht wahrhaben wollen) … es macht Angst … die Schuldfrage greift um sich … es herrscht totale Orientierungslosigkeit, weil nichts mehr greifbar ist – nichts, worauf man sich stützen könnte … ES findet sich NEU … Neues entsteht … neue Erfahrungen, neue Erkenntnisse … neue Sicherheit … UND erst dann ist die Bereitschaft und Annahme für das Neue da. Das ist ein Prozess. Dieser Prozess ist wie eine Achterbahnfahrt. Es geht hinauf und hinunter … es herrscht Gefühls-Chaos und große Verwirrung.
Habe den Mut und lasse dich darauf ein. UND bitte versuche nicht, auch nur einen dieser notwendigen Schritte zu überspringen. Jeder von ihnen hat seine Berechtigung. Sei mutig.

Auf diesem Weg des Wandels wirst du evtl. Menschen nicht wiedererkennen. Manche in für dich positiver und manche in für dich negativer Hinsicht. Sei darauf vorbereitet.

Richte deinen Blick immer wieder auf die weiße Kinoleinwand. Bringe dich selbst in die Neutralität und verbinde dich mit Menschen, in deren

Gegenwart du Halt und Sicherheit findest und erfährst. Suche dir „dein eigenes kleines Zugabteil", in dem du dich gemeinsam mit Menschen deiner Wahl beschützt und behütet fühlen kannst. Finde einen Ort im Zug der Menschheit, an dem du neue Kraft finden und tanken kannst.

Der Zug ist sehr lang und viele Abteile sind voll von Chaos und scheinbarem Verderb. Doch wisse, dass nichts und niemand das Recht dazu hat, DEIN ABTEIL anzugreifen … es wird von uns beschützt. Lasse die Angst draußen. Niemand kann mit Dunkelheit um sich werfen, wenn der Raum voller Licht IST. Sei du selbst das LICHT. Habe den Mut, dein LICHT leuchten zu lassen, auch wenn du nicht verstanden wirst … auch wenn dein LICHT hinterfragt wird … auch wenn dein LICHT nicht verstanden wird.

Wir sind immer bei dir. Fühle dich beschützt … erwarte den Schutz und SEI das LICHT."

Ich wünsche euch/dir einen lichtvollen Tag. Gib gut auf dein LICHT acht und bleibe BEI DIR.

Facetten der Wahrnehmung – Umgang mit Hellsinnen

Botschaft vom 23.11.20

Äußere Ruhe und inneres Chaos … „etwas“ möchte sich gegen etwas wehren … „etwas“ nicht wahrhaben wollen … „etwas“ nicht wissen wollen und doch sagt mir die Intuition trotz allem wuseligem Chaos in mir:

„ES IST ALLES GUT – VERTRAUE.“

„In euren Augen ist nichts gut, was ihr seht. Nichts ist an seinem Platz … ihr fühlt Dinge, die ihr nicht fühlen möchtet … etwas, was ihr fühlt, bereitet Schmerz … und dabei sieht alles so „normal“ aus.

Es gibt derzeit viele unterschiedliche Arten der Angst. Die Angst, im Chaos der Zeit unterzugehen … Angst, etwas Altes und Liebegewonnenes gehen lassen zu müssen … Angst, plötzlich etwas zu wissen, was noch nicht einmal Gestalt angenommen hat. Bei dieser Angst bleiben wir einmal.

Die Hellsinne der Menschen öffnen sich jetzt immer stärker. Es kommen immer mehr Vorahnungen … immer mehr Wissen hoch … Doch nicht immer sind die Dinge, die gefühlt, gesehen oder gewusst werden, schön. Das macht Angst. Das verstehen wir. Ja, auch dieser neue Umstand des „Könnens“ möchte gelernt werden … erfahren werden … verstanden werden. Was ist jetzt die Wahrheit, nur weil etwas wahrgenommen wird?

Jeder Mensch nimmt etwas wahr, auch wenn er es nicht bewusst tut. Ihr nennt euch vielleicht „spirituell“ und auch wissen wir, was ihr damit meint, doch es ist jetzt eine weitere Stufe erreicht. Denn es geht bei weitem nicht mehr um etwas „Spirituelles“ – oder um ein „spirituelles Bewusstsein“. Die Menschheit, die bewusst in 5D+ eintritt, befindet *sich jetzt oder tritt ein, in ein „**kosmisches Bewusstsein**". Das verändert vieles und der Umgang damit muss in der Tat erst erlernt werden.*

Vordergründig ist es der Umgang mit euch selbst … mit eurem Wissen, mit eurem Fühlen … mit eurem Sehen, Hören und auch was euch noch schmeckt und wie es euch schmeckt, verändert sich. Bekomme langsam ein Gespür dafür.
Die Hellwissenden unter euch müssen noch lernen, mit dem neuen Wissen umzugehen … es zu händeln. Was an Wissen gibt man weiter und wo muss man sehr diplomatisch vorgehen? Lerne weise zu handeln … denn nicht alle sind bereit, dieses Wissen zu empfangen und nicht alle in eurem Umfeld werden euch aufgrund dessen dauerhaft begleiten.

*Die alte Angst, auf einem Scheiterhaufen verbrannt zu werden, ist noch sehr im Bewusstsein des menschlichen Kollektivs verankert. Tretet heraus, doch lernt, mit eurem Wissen umzugehen. Sonst **fühlt** ihr euch wie auf einem Scheiterhaufen stehend.*

Eine der neuen Übungslektionen von Hellwissenden ist zu lernen, alleine mit dem Wissen und mit den Emotionen umzugehen, die es mit sich bringen kann UND nicht gleich handeln zu wollen. Teilweise könnte damit nur Panik und Schmerz verursacht werden.
Vieles bricht jetzt weg. Von der Theorie her wisst ihr es, doch jetzt geschieht die Praxis. Bitte hört auf, durch das neue Wissen bahnbrechend retten zu wollen. Erlaubt jeder Seele – egal, ob Mensch oder Tier –, ihre eigenen Wege zu gehen. Ihr könnt nichts verändern und nichts verhindern. Hört auf, in 3D zu denken und zu handeln. Geht ins Vertrauen!!! Lasst geschehen.

Der Mensch darf sich auf ein neues TUN konzentrieren und dieses Tun hat in erster Linie mit Annahme und Hinnehmen zu tun … geschehen lassen. Bitte versteht, NOCH geht es vordergründig um ein „Aufräumen" und die neue Ordnung wird euch nicht immer gefallen. Dafür haben wir großes Verständnis.
Und nicht jedes Wissen … nicht jede eurer Vorahnungen, kann von eurem Umfeld verstanden oder akzeptiert werden. Vertraue DU jetzt darauf, genau zu wissen, was du zu tun hast … lasse dich führen. Das ist die wichtigste Botschaft für den Umgang mit allen Hellsinnen.

NIMM WAHR – WISSE – VERTRAUE – LASSE DICH FÜHREN

Diese Führung geschieht aus der Intuition heraus, denn für alles möchte ein „richtiger Moment" gefunden und abgepasst werden. Das Timing wird immer wichtiger, sonst erschaffst du LEID oder Überforderung. Auch beim Denken ist der Wandel in 5D groß. Das braucht viel Übung und Erfahrung. Gehe also sanft mit dir um, wenn in deiner Wahrnehmung etwas „schief" gelaufen ist, weil du unklug gehandelt hast.

Dieser Prozess des Aufstiegs ist so groß, dass er nicht in einer Woche eurer Zeitrechnung als erledigt abgehakt werden kann. Er braucht Zeit und Raum … Die Menschen stecken noch in den kleinsten Kinderschuhen und werden langsam wachsen und reifen.

Sei darauf vorbereitet:
Wenn du mit dem Lernen und Experimentieren beginnst, wirst du eventuell andere Menschen verletzen, sie überrumpeln oder für sie handeln und entscheiden wollen. Hüte dich davor. Werde sanft … ganz sanft und beobachte erst einmal … nimm wahr. Nimm etwas wahr und ruhe damit in dir. Nicht immer ist spontanes Handeln gefragt. Nicht immer brennt es.
Verbinde dich mit deinem geistigen Team und lasse dir zeigen, WIE du mit deinem Wissen umgehen sollst. Erst dann leite notwendige Schritte ein. Vertraue dir selbst. Vertraue deiner Intuition und deinen Hellsinnen. Das Leben in 5D fordert Bewusstheit und Fingerspitzengefühl ein. Lebe trotz aller Eingebungen „normal" weiter … bleibe ruhig und lasse dich führen. Warte ab, was geschieht und wie es geschieht. Bleibe im Vertrauen! Aus blanker Theorie wird jetzt Praxis.

BEOBACHTEN – WAHRNEHMEN – EINORDNEN – HINTERFRAGEN – ERKENNEN

Viel Spaß beim Üben und bitte vergiss nicht, wir sind bei dir und geben dir jegliches Wissen, das du brauchst, um diese Prozesse leicht und spielerisch zu durchlaufen. Du bist nicht alleine. Du brauchst uns nur zu fragen.“

Ok, ihr Lieben. Ich wünsche euch einen wunderschönen Start in den neuen Tag. Schreitet mutig voran und geht unbeirrt weiter. Auch wenn sich nicht alles gut anfühlt, es ist richtig so.

Das große Tor – Geburt und Trauer

Botschaft vom 24.11.20

Ich sitze wie immer in der Küche mit meinem Kaffee und warte ab, was kommen möchte. Heute Morgen ist es in mir ruhiger. So oft nehme ich die gesamten Energien der Menschen und der Erde wahr und das ist oft unangenehm.

Für heute spüre ich Ruhe und bitte glaubt mir, das ist fast wie Urlaub für mich. Wird es ruhig bleiben? – NEIN. Jeder Tag, der ruhig erlebt wird, ist ein Geschenk. Die Zukunftstendenz geht leider noch in eine sehr unruhige und chaotische Zeit. Wir werden gerade „weich-gespült", bis der Schleudergang kommt. Für die Zukunft nehme ich wahr, dass es zunächst verspricht, wieder ruhig und „altgewohnt" zu werden, doch dann beginnt die Achterbahn erneut und startet erst richtig. Denn dann ist eine neue Stufe der „neuen Evolution" erreicht (wie auch immer das gemeint ist). Bis das beginnt, befinden wir uns noch in der Achterbahn-Anfangs-Steigungs-Phase. Daher Angst, Unsicherheit … kurzfristig entspannen können, dann wieder massiv angespannt sein … sich an die neue Höhe gewöhnen und zeitgleich den neuen Ausblick genießen, um dann wieder in die Höhenangst und vielleicht auch kurzfristige Panik zu verfallen. Noch sehe ich uns nicht ganz oben angekommen, von wo aus wir in die Tiefe fallen.
Diese Tiefe ist der Fall in eine neue Realität und jeder Mensch wird spüren, dass die Fahrt nicht dort enden wird, wo sie begann.

Diese Zeilen klingen bedrohlich und angsteinflößend. Es ist vielleicht ähnlich einer Geburt. Natürlich bestehen Ängste vor der Geburt. Hier ist das Wissen, dass mit der Geburt alles zu 100% anders sein wird. Nichts wird wie früher sein. Zunächst müssen heftigste Schmerzen erlebt werden und einen Kaiserschnitt wird es hier nicht geben. Diese GEBURT muss bewusst durchlebt und erfahren werden. Aber für jeden Menschen, der innerlich gut und ausreichend vorbereitet ist, wird der Prozess der Geburt sanfter geschehen. Einen Schmerz jedoch wird jeder erfahren. Dazu muss ZU viel Altes losgelassen werden und Abschied bringt nun einmal Schmerz mit sich. Und nur zur Info: Niemand ist bei dieser Geburt allein!

Jetzt sehe ich etwas wie verpixelte Bilder … die Farbe GELB kommt durch. Energien der Kraft, der Stärke, der Inspiration, der Information, der Motivation und der Kreativität kommen massiv durch.

„Schaue dir dieses verpixelte Bild an … noch mag dir alles sehr diffus erscheinen. Du kannst nichts klar erkennen, aber du spürst so vieles. Vor dir eröffnet sich ein vages Bild eines neuen Weges … DEINES neuen Weges. Wir geben dir dieses Bild als eine Versinnbildlichung und sie dient als eine kleine Vorbereitungsübung auf die Geburt. Habe den Mut, dich darauf einzulassen. Wir laden dich dazu ein, doch entscheide dich selbst.

Stelle dir vor, du stehst inmitten eines Durchgangs. Hinter dir befindet sich dein altes Leben mit allen liebgewonnenen und verhassten Gewohnheiten. Falls du zurückblickst, so tue es mit einer Dankbarkeit. Und jetzt gehst du durch den Durchgang hindurch. Zögere nicht, GEHE. Hinter dir verschließt sich dieser Durchgang automatisch. Es gibt kein Zurück mehr. Das wusstest du genau, als du hindurchgeschritten bist. Daher die Angst vor dem Ungewissen.
Lege jetzt die Energien, die Stefanie eben wahrgenommen hat, über das Bild … integriere sie in der neuen Situation. Es waren die Energien der Kraft, der Stärke, der Inspiration, der Information, der Motivation und der Kreativität. Gehe dazu in dein Herz, füge Vertrauen und Urvertrauen hinzu und SEI erfüllt mit LIEBE und Gewissheit. Lasse es einfach geschehen, auch wenn du noch nicht erfassen kannst, was alles geschehen wird.

Das ist das Bild einer Übung, das wir dir ans Herz legen möchten. Durchschreite und durchlebe diese Übung immer und immer wieder … gewöhne dich an das Gefühl auf etwas ganz Neues und anderes. Lasse dich dabei vertrauensvoll in deine Angst hineinfallen und du wirst merken, dass diese Angst keine reale Bedrohung darstellt. Doch dafür musst du sie erst annehmen … dich auf sie einlassen. Ein Schmerz wird bleiben und auch wird die Situation deines persönlichen Durchgangs eine andere sein, als du es dir bisher ausgemalt und vorgestellt hast. Vertraue darauf, dass es gut und richtig sein wird.

Die Fäden im Hintergrund deines Lebens werden sortiert, geordnet, teilweise neu gesponnen und viele dauerhaft entfernt. Übe dich darin, dass alles neu und anders wird. Daher lasse dich schon jetzt auf einen gewissen Trauerprozess ein. Dieser Trauerprozess ist wie der Übergang in ein neues Jahr. Das alte Jahr ist vorüber und das neue Jahr beginnt. Das alte Leben ist vorüber und das neue und andere Leben beginnt. Bitte wisse, dass du so überwältigt sein wirst von allem Neuen, was du siehst und erfährst, dass dein Schmerz schnell verfliegt und das sogar schneller als es sich dein Verstand in diesem Augenblick vorstellen kann. Höre auf dich zu fragen, WAS kommen wird. Höre auf zu fragen, was du tun musst. Höre auf, mit deinem alten 3D-Verstand zu denken. Er kann die Antworten nicht kennen … er kann es einfach nicht. Auch dein Verstand wird neu und anders werden. Er entwickelt sich von einem „irdischen“ Verstand zu einem „kosmischen“ Verstand. Ist dein Verstand energetisch zum kosmischen Verstand aufgestiegen, kannst du alles spielerisch begreifen … verstehen … erkennen. Dann wird sich für dich alles „richtig“ anfühlen.

Wisse … du wirst von uns über die Schwelle deines Durchgangs getragen. Fühle dich getragen … fühle dich beschützt … fühle dich geführt. Du wirst alle Werkzeuge erhalten, die dir helfen, alles Anstehende zu meistern. Wir sind immer bei dir. Wir stehen um dich herum. Du brauchst dich nur für uns im Herzen zu öffnen. Wir helfen dir, in der neuen Zeit zu laufen. Du kannst nicht scheitern, wenn du die Wahl für den neuen Weg in deinem Herzen getroffen hast.“

Und jetzt sind sie auch schon wieder weg. Ich sitze hier mit Herzklopfen … Es ist so dermaßen groß und neu, was kommt. Ja, auch ich bin aufgeregt. Wie schön, dass wir alle gemeinsam diesen neuen Weg beschreiten. Danke, dass es EUCH alle … dass es DICH … gibt!

Pusteblume – Wer darf in 5D+ aufsteigen?
Botschaft vom 25.11.20

Ich wusste schon seit gestern Abend, welch' dringliches Thema heute Morgen an der Reihe sein würde. Es geht um das Thema: „Seelen verabschieden sich von uns und von der Erde, weil sie nicht in die 5. Dimension wechseln möchten".

Bitte fühle selbst gut für dich rein, ob du den Mut hast, die Informationen aufzunehmen und zu entscheiden, wie du mit ihnen umgehen möchtest. Bedenke immer, es ist nur meine Wahrnehmung in der Kommunikation mit der geistigen Welt.

„Wir begrüßen euch aufs Herzlichste. Wir wissen um die Dringlichkeit über das für euch so schwierige Thema des „ABSCHIEDS" von geliebten Menschen in Zeiten des großen Wandels und Übergangs. Und wir werden sehr gerne nähere Informationen darüber geben, denn auch diese Stufe ist schon länger erreicht und erforderlich. Wir wissen, was für ein großer Mut euch gerade bei diesem Thema abverlangt wird und wie sehr es euch ängstigt.

Es werden viele Fragen gestellt, ob ein geliebter Mensch wohl „mitkommen" wird, oder ob er „gehen" wird und wie groß eure irdische Familie wohl bleibt … wer evtl. überhaupt übrig bleibt. Eure Köpfe qualmen, weil eurer Verstand Kriterien dafür sucht, wer geht und wer bleibt. So ist das aber nicht und über diesen Weg geschieht das auch nicht.

Es gibt keine Regeln für den Aufstieg und kein Gesetz darüber, wer weiterkommen wird. Es entscheidet alleine die Seele darüber, ob sie bereit ist, diesen sehr großen und mutigen Schritt in die 5. Dimension zu gehen.

Es geht hier nicht um die aus menschlicher Sicht „reine" Qualität.
Es geht nicht um den Grad der erreichten Spiritualität.
Es geht nicht um die Ausrichtung eines speziellen Glaubens.
Es geht nicht darum, ob der Mensch „gut" oder „schlecht" war.

Kann auch ein Mensch, der in diesem Leben einen kaltblütigen Mord begangen hat, in die 5D aufsteigen? – JA. Jetzt werdet ihr euch wundern. Denn so ein Mensch hat es in euren Augen nicht verdient. Und darum geht es. Man muss sich den Aufstieg nicht verdienen.

Wonach richtet sich jetzt der Aufstieg – WER hat die Möglichkeit, aufzusteigen? Wer darf dann „dabei" sein – und warum?

Wisse … es kommt ganz alleine darauf an, ob diese Seele noch Dinge auf der 3D-Ebene abschließen und erledigen möchte. Es geht nicht darum, was der Mensch möchte. Nicht jeder Mensch, der unbedingt aufsteigen möchte, wird seinen Aufstieg erleben. Seid ihr jetzt enttäuscht? Manche Menschen sind höchst spirituell und werden vielleicht trotzdem weiterhin auf 3D bleiben, weil sie es lieben, die Menschen auf 5D+ vorzubereiten … ihnen zu helfen, ihren persönlichen Aufstieg zu erleichtern. Auf einer anderen Ebene geht dieser Prozess auf eine gewisse Art selbstverständlich weiter. Oder sie lieben einfach die Dreidimensionalität und wollen noch weitere Erfahrungen in ihr sammeln. Es gibt keine Regeln. Alles darf sein, doch nichts muss. Alles ist absolut freiwillig. Die Möglichkeit, in der 5. Dimension zu leben, ist kein Zwang … nur eine Option … eine Entscheidung. Und glaube uns … es gibt unendlich viele Möglichkeiten für die Seele, sich zu entscheiden.

Für die Seelen, die noch Lebensthemen zu „erledigen" und „aufzuarbeiten" haben, ist es selbst vollkommen in Ordnung, wenn sie noch auf 3D weiterleben, weil sie nicht werten. Es ist der Mensch, der kategorisiert und richtet. Die Seelen, die noch weitere Jahre oder Inkarnationen in 3D weiterleben, sind nicht zwangsläufig schlechte Menschen … begreife das. Gehe aus der Wertung.

Es geht bei der Frage „ob oder ob nicht" darum, alles geheilt, alles transformiert und alles „geklärt" zu haben, was noch „offen" stand. Ist alles geklärt … wurde alles ausgesprochen … wurde sich selbst und anderen alles vergeben und verziehen, dann kann die neue Reise in unbekannte Dimensionen begonnen werden.
Aber verstehe … die Seele muss einen für sich selbst passenden Abschluss gefunden haben. Es darf auf alter Ebene nichts unerledigt geblieben sein.

Das ist wie ein Anker, der noch an 3D festhält. ALLE Energien müssen neutralisiert worden sein. Es darf keine „Restschuld" bestehen. Es wird kein unfertiges Essen auf den Tisch gestellt, verstehst du?

Was kannst du tun?
Gehe aus jeglicher Wertung heraus …
Höre auf, Menschen zu beeinflussen, die du gerne „mitnehmen" würdest …
Vertraue einer jeden Seele, dass sie sehr genau weiß, was für sie ansteht und richtig ist …
Löse dich selbst davon, zwingend etwas erreichen zu wollen.

LASSE LOS … konzentriere dich auf dein Leben … bleibe im HIER UND JETZ. Hier und bei DIR spielt die Musik. LEGE die Wertung ab. Höre auf zu beurteilen … höre auf zu hinterfragen. VERTRAUE deiner SEELE. Vertraue dem Prozess. Höre auf, ihn erdenken zu wollen.
Unsere Worte der Erklärung sind sehr einfach gewählt, weil die energetischen Prozesse nicht leicht in Worte zu fassen sind.

Die Seele gibt den Startschuss. Nur eine Seele, die den Mut hatte, alles hinter sich zu lassen (im übertragenen Sinn), ist bereit für den Aufstieg.

Und jetzt laden wir dich ein, wieder ganz normal in deinen Alltag einzusteigen. Du brauchst es nicht kompliziert zu machen. Dein Verstand kann nicht alles erfassen, was und warum etwas geschieht. Lasse geschehen, was und wie es sich ergibt. DAS … nur DAS erfordert deinen Mut und deine Stärke.
Wisse aber auch, dass der Prozess, falls er dir selbst Druck macht, nicht schon morgen erledigt sein muss. Du brauchst eigentlich nichts anderes zu machen, als dich von deiner Seele und uns führen und leiten zu lassen. Lasse die restliche Wertung weg und höre auf, über Richtig und Falsch nachzudenken oder zu richten.

UND wisse … Menschen, die sich lieben, werden irgendwann wieder vereint sein … an welchen „Orten" auch immer. Liebe kann niemals getrennt oder durchtrennt werden … sie besteht dauerhaft. Viele

Menschen werden in 5D auch wieder mit ihren Liebsten vereint sein ... nur vielleicht anders als du es erwartest. Die Möglichkeiten sind in jeder Hinsicht grenzenlos. Daher vertraue und warte ab, was geschieht. Auch wenn sich jetzt immer mehr Seelen verabschieden und vielfach unerwartet aus dem Leben schreiten werden. Sowohl Menschen als auch Tiere. Für heute soll es reichen. Wir sind IMMER BEI und MIT DIR! BITTE lege dein altes Denken ab und VERTRAUE. Du kannst deine persönliche Wahrheit fühlen. Fühle weit und grenzenlos.“

Wenn ich als „Steffi“ hineinfühle, können die Veränderungen wirklich sehr spontan auftreten, ohne sich vorher anzukündigen. Also ergänze ich noch dazu: Genieße, was du hast, und bleibe in der Dankbarkeit darüber, was dir noch geschenkt wird. Im Rest steckt keiner von uns drin. Lebe wirklich nur noch im Hier und Jetzt. Eine andere Zeit gibt es nicht. Die Zeit wandelt sich nur. Ich wünsche dir viel Kraft für alles, was geschehen wird.

Rummelplatz – Eine Schwelle der Vorbereitung

Botschaft vom 26.11.20

Heute Morgen rutsche ich sofort in Bilder hinein. Ihre Farben dazu sind bunt, frisch, lebhaft, laut, extrem und von überall her ertönt Musik … Gerüche überlappen sich. Ich habe die Bilder eines Rummelplatzes (Kirmes) bekommen.

„Heute geben wir euch Bilder für die Situation, in der sich die Welt samt ihren Lebewesen derzeit befindet.
Ihr steht – jeder für sich alleine – wie in einer unwirklichen Welt, in der sich alles um euch herum trotz sämtlicher Erklärungen des Verstandes auf mystische Weise „real" anfühlt. Jeder von euch kam ganz normal durch den Eingang des Rummels … heraus getreten aus einer Welt der „Bodenständigkeit" … der „sichtbaren, greifbaren und erklärbaren Materie". Von dort, wo Erklärung, Sicherheit und Gewohnheit bestand.

Du gehst über den Rummel. Du siehst unterschiedliche Fahrgeschäfte … Buden … und von überall her duftet es verführerisch oder auch abstoßend … viele Menschen, die teils ungewohnt gekleidet sind und ungewohnte Dinge tun. Manche der Reize stoßen dich ab, manche nehmen dich ein und du gibst dich ihnen hin … lässt dich von ihnen verführen. Vielleicht probierst du auch eines der Angebote aus, nur weil es bereits so viele Menschen vor dir getan haben.
Deine Ohren dröhnen vor lauter Akustik … sich mit anderen auszutauschen geht nicht. Alles ist schrill und extrem. Teilweise kannst du dich gut bewegen und dein Umfeld beobachten … dann wieder drängst du dich durch die Massen, riechst fremde Körpergerüche und spürst ihre Körper. Alle Farben sind bunt und einladend … alle Gerüche sind bunt und einladend. Menschen lachen, doch du fühlst keine Echtheit. Du hörst Geschrei, doch irgendwie ist nichts wirklich real.

Die aktuelle Situation ist wie auf dem Rummel. Nur befindet sich auf der anderen Seite des Rummels jetzt ein zweiter Ausgang. Dieser führt aber nicht auf einen großen Parkplatz, zurück in die alte Realität,

sondern auf ein zunächst freies Feld. Sobald du nur einen Fuß daraufsetzt, bist du von vollkommener Ruhe umgeben. Die Luft riecht klar und weit … du spürst Liebe und ein unerklärliches Vertrauen … grenzenloses Vertrauen. In dir wächst Neugierde, wo du bist. Und wie auf wundersame Weise erscheinen Landschaften und Städte, wie du sie vorher nicht gesehen hast. Und was noch faszinierender ist … alles, was du siehst, verändert sich, sobald du anders denkst. Jede deiner ausgesendeten Energien folgt der Aufmerksamkeit und entsprechend deinen Gedanken und daraus resultierenden Gefühlen passen sich deine Realitäten neu an … erschaffst du … kreierst du … neue, reale Bilder. Wenn du unkontrollierte Angst in dir trägst, wird auch das sich augenblicklich materialisieren. Alles ist möglich … Situationen, Landschaften und Städte. Dir begegnen Menschen, die sich ungewohnt „rein" anfühlen. Alle ist hier ungewohnt anders … fremd … und doch unendlich schön und auf gewisse Weise bekannt. Manche der Menschen erkennst du auch wieder. Du wirst darüber erstaunt sein, wer dir dort begegnet. Klingt das alles verwirrend für dich?
Diese Schwelle zur neuen Wiese voller Potenzial und neuen Möglichkeiten betreten FAST alle Menschen, doch je nach bewusster und unbewusster Manifestation – sprich: dem Prinzip von Ursache und Wirkung – werden sehr viele wieder zurück auf den Rummel und zurück in die nach Asphalt und Benzin riechende alte Realität zurückkehren. Einzelne betreten diese neue Ebene erst gar nicht, weil sie das Gefühl von „etwas vergessen" haben und gehen sehr schnell wieder zurück. Sie kaufen sich nur ein Hotdog und gehen wieder weg. Sie haben den zweiten Ausgang nicht einmal bemerkt.

Wisse … wenn du diesen zweiten Durchgang des Rummels durchschritten hast, verändert sich dein Leben auf die magischste Weise, wie du sie dir nicht vorstellen kannst … NOCH nicht. Dort lernst du mehr als bewusst, mit der Kraft deiner Gedanken umzugehen, denn dort wird vieles davon abhängen, ob du bleibst. Dort lernst du Gedankenhygiene und den Umgang mit neuen Fähigkeiten. Du lernst neue und vielleicht fremdartige Lebewesen kennen … hörst Sprachen, von denen du vorher nichts gehört hast und betrittst eine Welt, die bisher nur in deiner Fantasie existierte. Dort treffen Wesen aus unterschiedlichen Sphären aufeinander und jegliche Schwere bricht nach und nach weg.

Auf dieser Ebene wird dann noch ein weiteres Tor auf dich warten, das dich in eine Art „Vergessenheit" bringt. Denn dort werden alle negativen und für dich nicht mehr relevanten Erinnerungen aus dem Speicher gelöscht. Ab DANN beginnt wirklich das, was du bisher mit 5D verbindest.
Wir spüren deine Frage darauf, ob nicht das Alte vermisst werden wird. Wir fühlen Trauer in dir.

Habe den Mut, dich dem Neuen zu öffnen, und alle Gefühle der Angst oder Unsicherheit sowie Trauer werden sich sehr schnell in Luft auflösen. Du kannst dich darauf fest verlassen.
Du bekommst viele Begleiter an die Seite gestellt, die dich in Liebe und mit großer Sanftheit, Feinsinn und Empathie in diese ungewohnte Welt einführen. Sie bereiten dich auf das Letzte der Tore vor.

Diese Bilder sind sinnbildlich und spiegeln doch wider, was geschieht und weiter anliegt. Sie sollen dir als Veranschaulichung dienen. Du kannst dich entspannen und dich – wie in einer magisch lichtvollen Geisterbahn – fahren lassen. Vieles macht dir evtl. derzeit Angst. Habe Vertrauen … Wir sind immer für dich da und passen auf dich auf. Fühle dich beschützt."

Ich, als Steffi, fühle sehr kraftvolle und mit Licht erfüllt Wesen, die aktiv sind … Wir brauchen wirklich keine Angst zu haben … was auch immer in der nächsten Zeit geschehen mag. **Nur der Widerstand verursacht Schmerz.** Also lasse dich darauf ein.

Das Universum spricht – Energieübertragung

Botschaft vom 27.11.20

Ich frage mich schon lange, wer es eigentlich morgens ist, der mir all das übermittelt, was von der geistigen Welt kommt. Hier fühle ich einen Zusammenschluss mehrerer Energie-Präsenzen. Es ist nicht NUR Erzengel Michael … nicht NUR Erzengel Metatron oder NUR eine bestimmte Sternensaat. Bei dem, was ich sage, spricht eine Gruppe, denn sie fühlen sich alle unterschiedlich an. Sie einzeln aufzuzählen würde immer zu viel Zeit in Anspruch nehmen. Für mich ist es wie ein Kollektiv, bestehend aus vielen sehr hohen und mit dem größten Licht erfüllten Wesenheiten. Diese Gruppe ist immer etwas anders aufgebaut. Gestern Abend fühlte ich auf einmal sehr stark die Präsenz der Plejadier. Mein Gefühl sagt, dass sie mit ihren Energien immer stärker mit einschwingen werden. Dann lassen wir uns mal überraschen, was heute kommen mag.

… Es fließen goldene Energien ausgehend vom Universum durch mich hindurch … und das, was ich jetzt erlebe, geschieht ebenfalls gerade bei allen Menschen auf der Erde. Auch bei DIR, der du das gerade liest.
Die Farbe dieser Energie sehe ich in der Grundfarbe Gold … mit einem einfließenden kristallinen und fluoreszierenden Weiß … einem Hauch Blau und Silberfunken … ganz zart dabei noch ein Hauch Rosa (sehr lieblich).
Es ist eine Energieübertragung, die gerade geschieht … Die Farben können sich verändern und sich bei dir auch ganz anders zeigen, denn sie sind auf jeden von uns speziell kalibriert.

Diese Energien kommen aus dem Universum … von nahliegenden Planeten, Sternengalaxien und Sonnensystemen. Es fühlt sich so an, als würden sie uns rufen. Sie möchten ihr Wissen … ihre Erfahrungen mit uns teilen. Sie möchten uns bei dem großen Wandel … bei der großen Transformation … helfen. Unter ihnen sind auch Plejadier, Andromedaner … Arkturianer … unsere Sonne … unser Mond … WOW… es leuchten gerade immer mehr Bereiche auf, die ebenfalls ihre Energien mit einfließen lassen. Es ist gigantisch …!!!

Warum seid ihr so viele? Warum so geballt?

„Wir sind so viele, weil jetzt sehr unterschiedliches Wissen, je nach Sternenherkunft von jedem Einzelnen von euch, zurückgeholt und in euch integriert wird. Es geht darum euch zu helfen, euch an die Zukunft erinnern zu können Es geht um Bewusstseinseröffnung und -erweiterung. Wissen und Erfahrungen … fließen ab jetzt dauerhaft in jeden von euch ein. Es liegt an jedem Menschen selbst, ob er dieses Wissen nutzen möchte. In Absprache mit euch (auf Seelenebene – es geschah vor langer Zeit) aktivieren und erneuern wir unter anderem Bereiche eures Gehirns … verändern körperliche Strukturen auf vielerlei Ebenen und erneuern die genetische und zelluläre Ebene eurer Haut und damit eure Organe.
Wir leiten die Möglichkeit ein, euch wieder an ein altes und gleichzeitig neues Wissen zu erinnern und teilen nebenbei unsere Erfahrungen mit euch. Wir füllen sozusagen euer Unterbewusstsein mit neuen Informationen, die ihr zu gegebener Zeit abrufen werdet.
Einzelne unter euch können seit einiger Zeit diesen Prozess beobachten. Ihr wolltet Wissen abrufen, doch es gelang noch nicht 100%ig. Das wird sich jetzt immer mehr verändern. Die Menschen werden neu „downgeloaded“. Sehr bald könnt ihr mit der Erbauung neuer Technologien beginnen und ganz neuen Erfindungen einen „Geist“ geben. Der Feinschliff des Downloads ist bald abgeschlossen. Das neue Zeitalter kann geboren werden. Auch werdet ihr immer stärker veränderte Verhaltensmuster und Denkstrukturen bei euch erkennen können. Sie helfen euch dabei, ruhiger zu werden … leichter in die Balance zu kommen und Situationen mit ganz neuen Augen zu sehen. Alles richtet sich jetzt immer mehr neu aus.

Es sind unbeschreiblich viele lichtvolle Wesen, die applaudierend eure Aufstiegsprozesse beobachten und JETZT endlich dürfen wir all unser Wissen nicht nur energetisch über ein Channeling, sondern auch direkt durch Energieübertragungen in jeden von euch weitergeben. All das geschieht in vollkommener Übereinkunft mit euch. Ihr könntet es nicht einmal beeinflussen. Diese neuen Energien, die durch uns wie auch durch die Ebenen der lichtvollsten – ihr nennt es – „Engelsphären“ zu euch fließen, können lediglich ignoriert werden und ungenutzt bleiben. Gezwungen wird niemand. Bitte wisse das, denn wir fühlen auch eine Angst, wir könnten etwas tun, was ihr nicht wollt. Nein … sei beruhigt. Die geistig göttliche, lichtvolle Welt schützt euch vor negativen Angriffen oder Experimenten, die euch schaden wollen. Fühle dich also unendlich beschützt. Die Angst kommt nur, weil etwas Neues in und mit dir geschieht. Auch hier bitten wir dich, dich dem Prozess des körperlichen Wandels hinzugeben. Er ist notwendig, damit eure Körper in der 5. Dimension existieren können. Bleibe im Vertrauen, auch wenn sich aufgrund der körperlichen Veränderungen immer wieder geringfügige Symptome zeigen können.

Unsere Freude ist unendlich groß zu sehen, wie immer mehr Menschen sich für uns öffnen und den Mut haben, neues Wissen und klärende Informationen zu verbreiten. Wenn ihr nur sehen könntet, welch' wundervolle Dinge wir bei euch sehen können. Ihr macht das großartig. Bleibe im Vertrauen … bleibe mit uns verbunden … Gemeinsam fliegen wir in die neue Zeit. Öffne dich für uns von Herz zu Herz. Erkenne deine wahre Heimat … deinen wahren Ursprung. Niemand von euch ist zu 100 % ein „Erdling“ … niemand.
Empfange Großes … wir haben gemeinsam noch viele Abenteuer vor. Die Zeit der „sichtbaren“ Verbindung zwischen uns ist für einige Menschen schon „normal“. Wir freuen uns auch auf DICH. Wenn du im Herzen für uns bereit bist, beginnt eine neue, wunderbare und für dich wahrlich einzigartige Beziehung. Freue dich darauf.“

Puuuuhhhh … ich weiß nicht, wie es dir damit ergeht, aber ich empfinde große Vorfreude auf alles, was kommt. Es fühlt sich gigantisch groß an und noch immer kann etwas in mir kaum glauben, was derzeit geschieht. Der Download läuft … ich kann ihn sehr klar fühlen. Für viele Menschen ist der bewusste Kontakt mit Außerirdischen bereits normal. Für viele Menschen aber auch noch nicht. Bitte hilf mit, ihnen die Angst davor zu nehmen. Jetzt stoßen noch massive Infos hinzu, die jetzt aber den Rahmen sprengen würden. Sie werden sich bald wieder melden. Dann erfahren wir mehr. Es ist so spannend!!!

Die 5. Dimension – Ein Gespür für Möglichkeiten

Botschaft vom 28.11.20

Mir wurde die Frage gestellt, was denn die 5. Dimension ist und darauf möchte ich heute eingehen. Die Frage ist auch berechtigt. Wohin geht eigentlich die Reise? Was bringt dieses Ziel der 5. Dimension mit sich?

„Wir werden euch die 5. Dimension nicht theoretisch erklären. Kämen wir diesem Wunsch nach, klänge es nach neuen Regeln und neuen Gesetzen. Noch denken viele von euch dogmatisch und wir möchten, dass ihr das Ziel in größter Genialität aller Möglichkeiten erfahrt und erreicht. Wir geben Stefanie Bilder und Gefühle. Denn nur so könnt ihr hineinfühlen in die neue Welt – in die neuen Welten –, die euch erwarten. Den Rest erschafft ihr selbst.“

Ich nehme für die Menschen noch einige Tore … einige Portale wahr, die durchschritten werden wollen, um vollständig in „5D“ hineinzugelangen. Erst wenn die Erde vollständig in unserem Bewusstsein durch ihr Nadelöhr gegangen ist (in einem anderen Bewusstsein ist sie es schon), kann auch der Mensch mit allem Leben eintreten. Zeitlich möchte ich mich da nicht festlegen. Hätten die Menschen komplett losgelassen von allem alten Denken, würde es augenblicklich geschehen können, doch jetzt fühle ich noch ein paar Jahre.

Bringe deinen Körper jetzt bitte in den Zustand größter Entspannung und öffne dein Herz. Höre auf DEINE Wahrnehmung, denn deine Bilder können von meinen abweichen. In 5D gibt es viele unterschiedliche Wahrnehmungen und sie alle sind Realität. Denn diese Ebene erschafft sich aus sich selbst heraus. Es ist dort nicht so vorbereitet, wie wir es hier auf der Erde gewohnt sind.

In meiner Wahrnehmung gibt es einmal die 5. Dimension und es schwingt auch bereits die 6. und 7. mit hinein. Das bringt wieder unterschiedliche Realitäten mit sich. Es ist für mich schwierig, genau zu differenzieren. Ich versuche, möglichst in der 5. Dimension zu bleiben. In meiner Wahrnehmung gibt es viele neue Erden, weil die Menschen in unterschiedliche Existenzebenen und Bereiche aufsteigen werden. So etwas gab es noch nie.

Die Kraft der Gedanken ist buchstäblich maßgebend. Sowohl als letztendliche Eintrittskarte ohne Rückkehr als auch als eine Existenz in sich. Jeder noch so kleiner Gedanke ... jedes noch so kleine Gefühl wird sich augenblicklich manifestieren. Daher muss auch so aussortiert werden, wer Einlass erhält. Der Radiosender muss perfekt eingestellt sein ... die Frequenzen müssen stimmen, sonst kann nichts empfangen werden.

Ich bekomme gerade das Bild gleich der Besiedlung eines neuen Planeten ... bitte sinnbildlich nehmen. Dieser Planet besteht aus der vollkommensten Natur, die du dir nur vorstellen kannst. Saftige Farben ... neue Farben, die du noch nicht kennst, ... und die Farben haben einen eigenen Duft, einen eigenen Geschmack, einen eigenen Klang und ein eigenes Gefühl, welche andere Lebewesen und Bewusstseine wahrnehmen können. Es ist wie ein Code. Auch beim Menschen wird das so sein ... wie ein energetischer Fingerabdruck.
Eine Blume ist nicht nur eine Blume, sondern sie strahlt aus sich selbst heraus. Ihre Aura ist hell und weit ... das sieht man, wie einen Lichtschein, der sie umgibt. Ihre Energie kann nur durch ihre Nähe und Anwesenheit heilen. In meiner Wahrnehmung weiß auch jeder Mensch automatisch, welche Pflanze er gerade für seine Heilung braucht.
Alles – absolut alles – hat eine sichtbare Aura. Alles Existente hat diesen mehr oder weniger größeren Schein um sich herum. Und ALLES ist leicht transparent. Menschen können irgendwann durch Materie – durch Wände gehen. Dimensionen verschwimmen miteinander ... Portale können hierfür durchschritten werden.

Wirkliche Krankheiten gibt es nicht mehr, weil die Körper von Natur aus „reiner“ sind und augenblicklich spüren, wenn negative Einflüsse auf sie einwirken. Die Nahrungsaufnahme ist eine komplett andere … bestehend aus neuen Früchten, die noch auf der alten Erde nicht wachsen. Sie tragen alle lebensnotwendigen Bestandteile in sich, um perfekt angepasst gesund leben zu können. Jeder Körper hat eine Art von Selbstreinigung und Selbstheilung im Zellensystem und Zellenbewusstsein integriert. Nahrung wird anders verstoffwechselt, weil sich das Verdauungssystem vollständig verändert. Es kann noch Nahrung aufgenommen werden, doch besteht bald schon keine Lebensnotwendigkeit mehr. Wenn, wird sehr wenig gegessen und auch nur als Genuss oder aus einem sozialen Verhalten heraus.

Der Mensch erkennt Leben in allem, was existiert. Der Mensch erkennt ihr Bewusstsein. Das Bewusstsein von Steinen … von Kristallen … von Pflanzen … von Tieren … von Naturgeistern, Fabelwesen und vielem mehr. Daher geht der Mensch voller Respekt, Achtung und großer Vorsicht mit allem um. Das Miteinander der Menschen verändert sich. Es wird sanfter und Empathie und Sensitivität gehören zur Normalität.

Telepathie ist an der Tagesordnung. Ja, es wird noch ein verbaler Austausch betrieben … es gibt auch Musik (aber eine ganz andere Art von Musik mit neuen Instrumenten und Klängen), aber die Unterhaltungen werden ruhiger, stiller … getragener und gehen in jeglicher Hinsicht in die Tiefe. Oberflächlichkeiten gibt es nicht mehr. Sie gelten als Energieverschwendung. Jeder Mensch wird genommen, wie er ist. Es wird sich gegenseitig geholfen … niemand ist alleine. Darf aber so lange alleine sein, wie er es braucht und möchte.

Ja, es gibt dort den Tod, aber der Tod ist eine bewusste Entscheidung, die jeder Mensch und jedes Tier … jedes Bewusstsein für sich selbst entscheiden darf. Die Körper werden zunächst viele hundert Jahre werden können. In der Perfektion aller gedanklichen Ausrichtungen kann ein gelebter Zustand der Unendlichkeit erfahren werden. Dies wird aber nur kurz als Erfahrung gewählt, doch nicht dauerhaft praktiziert. Es würde

langweilig. Wirklich sterben tut niemand mehr. Es ist gleich einem Umzug … einem Weggang und es fühlt sich auch anders an. Es gibt keine Trauer mehr, so wie wir sie noch empfinden. Keine Entscheidung wird angezweifelt und jeder kann alles verändern oder rückgängig machen.
Die Menschen der neuen Zeit sehen perfekt aus, weil sie ihren Körper je nach eigenem Wohlgefühl umformen können.
Nach anfänglichem „von Hand Erbauen“ wird es Baumeister geben, die eine gedankliche Perfektion in feinstofflichem Bauen erreichen. Bei ihnen reicht ein Gedanke, um auch große Monumente errichten zu können und alles ist nach richtiger, gedanklicher Einschwingung innerhalb von wenigen Augenblicken getan. Es braucht keine Firmen mehr … keine Industriegebiete oder Arbeiter. Alles ist nachhaltig und langlebig, kann aber auch augenblicklich auf Wunsch verschwinden (sich auflösen).

Auch Kleidung, Decken, Stoffe … werden nach vielen Schritten der mentalen Entwicklung ausschließlich mit der Kraft der Gedanken erstellt. Diese „mentale“ Entwicklung geschieht innerhalb der „Alpha-Phase“ der 5. Dimension. Es ist wie eine anfängliche Kleinkindzeit, die stetig in ihrer Entwicklung fortschreitet. Sobald der Verstand vollständig zu einem kosmischen Verstand mit einem kosmischen Bewusstsein geworden ist, ist die augenblickliche Erschaffung von etwas möglich und wird auch nur noch über diesen Weg geschehen.
Daher verändert sich das Schulsystem.
Kinder können selbst ihre Stärken und Fähigkeiten herausfinden und werden entsprechend gefördert. Das Schulsystem basiert auf eigenem Erkennen und Experimentieren. Hier wird die Kraft der Gedanken erlernt … der Umgang mit Gefühlen, der Umgang mit den eigenen Hellsinnen und der neuen kosmischen Gesetze der Resonanz. Alles geschieht auf spielerische Weise und wird Normalität in der Schule sein. Daher gibt es auch keinen Kindergarten mehr, sondern nur noch Schulen (obgleich ich einen neuen Begriff dafür erspüre). Kinder der “5D+ Zeit“ entwickeln sich schnell und zentriert (kompensiert).

Jeder Mensch findet seine persönliche BE-RUFUNG. Diese kann frei gewählt und ausgeführt werden. Alles dient dem Wohle des Ganzen. Es gibt weder Geld noch Not, weil alles vorhanden ist und existiert. Es gibt keinen Mangel, keine Macht, keine Arroganz oder Neid.

Das Leben auf einer der neuen Erden in der 5. Dimension entwickelt sich mit … daher meine Wahrnehmung auf die 6. und 7. Ebene hinauf.
Die Möglichkeiten der gelebten Realität gehen sowohl auf ein Leben in "Innererde" als auch in Verbindung mit dem Universum, wo fremde Planeten und Sternensysteme besucht werden und ein Austausch mit Außerirdischen als total normal gilt. Die Erfahrungen mit dem „Universum" beinhalten das Kennenlernen fremder Welten, Wesen, dem Fliegen von Raumschiffen … die Überwindung von Zeit und Raum … Durchschreiten von Wurmlöchern (von der Erde aus), Betreten anderer Universen und vieles mehr. Menschen werden in naher Zukunft beginnen, sich mit außerirdischen Lebewesen zu paaren.

Die Kleidung verändert sich. Sie ist kein Statussymbol mehr, sondern ausschließlich bequem und zweckmäßig. Die Gestalt von Häusern verändert sich … innen wie außen. Teils liegen sie in Höhlen.
Tiere sind vollkommen freiwillig auf den neuen Planeten und leben freiwillig mit Menschen zusammen. Sie suchen sich ihre Mensch-Partner aus – nicht umgekehrt. Tierquälerei ist vollkommen tabu und findet nicht mehr statt. Alleine die stark potenzierte Hellfühligkeit machte dies unerträglich.

Zeit gibt es nicht mehr … auch keine Jahreszeiten … auf Wunsch können gewünschte Zustände, wie Dunkelheit oder Jahreszeiten, kurzfristig erschaffen werden. Der natürliche Zustand ist aber die Fülle und der gegenwärtige Augenblick des JETZT. Es besteht auch bald kein Sinn mehr für Dunkelheit oder Jahreszeiten. Der Mensch begreift die geistigen Gesetze und sieht vieles als albern oder als Energieverschwendung an – daher fällt vieles Alt-Erdbekannte weg.

Der Mensch erkennt seine Schöpferkraft, OHNE sie auszunutzen. Alles wird zum Wohle des Ganzen ausgeführt.
Gleichsam fühle ich neue Erfahrungsebenen mit fernen Sternenwelten, die eine Art Negativität beinhalten. Hier geht es um die Hilfe fremder Existenzen. Der Mensch darf zwar immer frei seine Wahlrealität bestimmen und doch werden die meisten in der Liebe-Licht-Göttlichkeit bleiben.
Interessant ... ich fühle hier neue unterschiedliche Erfahrungsebenen, die auf 5D und 6D erlebt und erfahren werden können. Es fühlt sich an wie in einer neuen Dualität auf einer ganz neuen Ebene. Doch gibt es keine wahren Opfer. Das Licht ist mit einer Entscheidung auch wieder da.

Weiter fühle ich Möglichkeiten, sich mit dem Bewusstsein der 2. und 1. Dimension zu verbinden. Es werden neue Welten erschaffen, neue Planeten erschaffen und besiedelt. Es gibt keine Überbevölkerung. Ein Bewusstsein kommt und geht ... erschafft sich wieder neu und löst sich wieder auf. Alles IST.
Alles ist Klang ... Energie ... Schwingung. Die Physik und die Mathematik werden neu entdeckt und neue kosmische Gesetze erkannt.

Es entsteht ein anderes Gespür für das, was wir noch Gott nennen. Es gibt keine Religionen mehr. Der Glaube ist jetzt tief in den Genen verankert. Jeder Mensch fühlt sich automatisch und immer geliebt ... von seiner Geburt an. Die Eltern der neuen Zeit sind anders. Sie lieben anders. Jeder hat Zeit für den anderen. Kinder können geboren werden oder auch ohne Sexualität eingeladen werden und so materialisieren sie sich an einem geplanten, vorbereiteten Ort oder Platz. Niemand ist einsam oder alleine. Alles ist miteinander verwoben und verbunden. Auf der neuen Erde (auf welcher auch immer) untereinander, in der „Innererde“ oder mit dem Universum – dem Multiversum. Alles ist in jeder Hinsicht “kollektiv“.

Soooooooooooooooooooooo … das soll für heute reichen. Ich hoffe, es konnte ein kleiner Einblick in die neue Zeit entstehen. Ja, auch für mich klingt das alles dermaßen fantastisch … und doch fühlt es sich so real an. Auf einer anderen Ebene existiert es bereits. Und doch erschaffen wir alles neu.
Du wirst noch deine eigenen Bilder und Gefühle dazu bekommen. Vertraue ihnen. Nichts ist in Stein gemeißelt. Materie ist stets wandelbar.
Ich könnte Ewigkeiten weiterschreiben. Immer wieder kommen neue Bilder. Aber jetzt soll es reichen. Ein Eindruck ist bestimmt entstanden. Es wird gigantisch und unendlich schön!!!

Veränderung – Druck loslassen und authentisch sein

Botschaft vom 29.11.20

Mir wird ein reines Weiß gezeigt. Es ist ein ganz langweiliges, reines Weiß. Es ist so langweilig und unemotional, dass es wie tot wirkt. Was hat das zu bedeuten?

Aha … es geht darum, sich jetzt überschnell eine „reine Weste" anziehen zu wollen … zu schnell zu perfekt werden zu wollen. Mir wird Druck gezeigt … ich fühle einen Druck in meinem Herzen. Ein Gefühl für „sich beeilen wollen/müssen" … Angst, DEN Zug verpassen zu können.

„Wir sehen eure Bemühungen, möglichst schnell in eurer Entwicklung zu wachsen. Dieses „schnell" ist lobenswert, aber wenig effektiv und schon gar nicht nachhaltig und genau darauf kommt es an.
Ja, die alternativen Medien im spirituellen Bereich sind jetzt voll von Durchsagen und Botschaften und das ist gut so. Hilft es den Lichtarbeitern zu begreifen, dass es nach jahrelangem Warten tatsächlich losgeht. ENDLICH der größte aller großen Augenblicke naht … endlich greifbar ist und greifbare Form anzunehmen scheint. Das motiviert, das stärkt, das bringt Hoffnung und nährt die Gewissheit, dass alle eigenen Wahrnehmungen doch nicht ganz daher geholt sind. DOCH … es macht auch Druck.

Dieser Druck entsteht aus einer Angst heraus, vergessen zu werden … Angst, nicht schnell genug zu sein … Angst, nicht perfekt genug zu sein … Angst, Unüberwindliches nicht ablegen zu können. In so vielen von euch sehen und fühlen wir Angst.
Wir möchten jetzt einmal in Worte fassen, weshalb es unnötig ist, sich Druck zu machen:

Der gesamte Aufstieg der Erde samt aller Lebewesen und aller Bewusstseine auf allen Ebenen des irdischen Seins befindet sich in einem Prozess. DU kannst diesen Prozess verstehen wie den Karriereweg eines Arztes.

Der Weg ist vielleicht bereits schon in der Kindheit vorgezeichnet durch Hinweise im Verhalten. Beispielsweise durch das Spielen mit Plastik-Instrumenten und schon die Puppe der Schwester wird operiert und aufgeschnitten. Vielleicht war es in dem Kind auch nur ein vages Gefühl, bei dem die Richtung noch keine Form angenommen hat.
In der Schule wird die Laufbahn auf dem Gymnasium eingeschlagen … es folgt das Studium, Praktikum, Facharzt, Doktorarbeit, Assistenzzeit … die eigene Praxis.

Bitte begreife … alles Notwendige, was für das Ziel mitgebracht werden muss, wird auf dem Weg dorthin erlernt und erfahren. Wer sich berufen fühlt, wird mit sehr großer Wahrscheinlichkeit dieses Ziel erreichen. Außer seine Seele hat sich etwas anderes vorgenommen und/oder der Weg wurde fremdbestimmt gegangen und gefordert.
Hierum geht es beim großen Aufstieg auch. Es ist FREIWILLIG. Niemand wird gezwungen. Es ist kein Muss. Es gibt keinen Zwang. Und es ist ein Prozess … es ist wie ein Zug, der schon vor langer Zeit bestiegen wurde. Es wird bereits drin gegessen. DU SITZT BEREITS DRIN.
In diesem großen Aufstiegsprozess gibt es etwas, das noch sehr unterschätzt wird, weil es für den menschlichen Verstand nicht greifbar ist und letzten Endes doch absolut jeden, der es wünscht, zum Ziel bringen wird: Das sind die Bewusstseinssprünge und die Bewusstseinsöffnungen. Sie geschehen spontan und oft unbemerkt. Es werden unbemerkt Kanäle geöffnet und plötzlich verhältst du dich anders … vollkommen gegensätzlich zu alten Gewohnheiten. Auch noch einmal Fleisch zu essen kann ein Puzzlestück des Aufstiegs sein. Ist das schwer für dich zu verstehen?
Das ist so: Dein Sein mit dem, was du in diesem Augenblick bist, wird noch einmal hinterfragt. Deine Motivation wird hinterfragt … deine Gefühle, deine Gründe, deine Wertungen … alles wird noch einmal hinterfragt.

Bitte verstehe, dass es jetzt darauf ankommt, dass dein SO SEIN nicht auf etwas begründet ist. Denn das wäre ein Zeichen dafür, dass du aus dem Verstand heraus lebst und geleitet wirst. Höre auf, Fleisch zu essen, weil dein Körper nicht mehr danach dürstet. Nicht aber, weil es ethisch wertvoller in deinen Augen ist. Verstehst du, was gemeint ist?

Habe den Mut, dich in voller Farbe zu zeigen … sei authentisch. Es gibt viele unter euch, die noch Fleisch essen. Das Verlangen wird sich auflösen – ohne Ethik, ohne „richtig oder falsch", ohne Verstand. SEI AUTHENTISCH. DARAUF und nur darauf kommt es an.
Auf dem Weg in die 5. Dimension geschieht alles individuell und begreife, dass gänzlich ALLES, was auf diesem Weg geschieht, einen Grund hat. Du brauchst nicht etwas bestimmtes TUN oder etwas Bestimmtes SEIN, um eine Eintrittskarte für 5D+ zu bekommen. Es geht um dein authentisches SEIN.

Löse dich also von dem Druck, etwas erzwingen zu wollen oder gar zu müssen – egal, um was es auch bei dir gehen mag. Dein Herz … die Reinheit in deinem Herzen … auf DIE kommt es an. Das Bedürfnis nach Zigaretten … das Bedürfnis nach Fleisch … das Bedürfnis nach ungesunden Lebensmitteln … das Bedürfnis nach Alkohol … das Bedürfnis nach Süchten jedweder Art … Es löst sich auf, wenn du aufhörst, es zwanghaft erreichen zu wollen. Das/dein Verhalten … Wesensarten … Eigenarten. Worum auch immer es geht … es wird sich wandeln. Plötzlich wird sich etwas auflösen … plötzlich wird sich etwas verändern. Ganz von alleine.

Bleibe im Hier und Jetzt – Lebe aus dem Herzen – Lasse dich leiten – Bleibe im Vertrauen –Nimm dich an, wie du in diesem Augenblick BIST.
DARAUF kommt es an. Höre auf, dir Druck zu machen … höre auf, etwas zu erzwingen. Es wird eigenständig geschehen. Dein Körper … dein Gefühl … deine Intuition… wird dir ein immer größerer Wegweiser sein und werden. Gut brauchst du nicht zu sein … es geht nur um dein wahrhaftiges SO SEIN. Denn nur im SO SEIN bist du AUTHENTISCH und mit der Authentizität bist du REIN, weil du wahrhaftig BIST. Der Rest ist eine Wertung deines Verstandes.

Wir fühlen einen Widerstand in dir … Wisse, es geht nicht darum, ob Fleisch zu essen noch richtig ist. Sei beruhigt. Das Leid aller Tiere ist sehr bald beendet. Obgleich es viele Gründe dafür gab, weshalb sich die Tiere euch als Nahrungsquelle angeboten haben. Das ist aber ein anderes Thema.

Und jetzt lebe … lebe wahrhaftig … lebe in der Balance … lebe nicht nach alten Regeln darüber, was richtig oder falsch ist. Lebe authentisch … lebe aus der Beobachtung heraus … lebe bewusst und fühle in das hinein, was du tust …

Lebe authentisch bewusst. Mehr braucht es nicht. Denn durch die Bewusstheit wird freiwillig angeschaut und verändert. Die Zeit der Regeln ist vorbei. Du kennst die Wahrheit … kannst sie fühlen … sie wahrnehmen. Es kommt alles genau richtig. Gehe ins Vertrauen!
Wir begleiten dich auf deinen Wegen. Wir reichen dir die Hand und führen dich. Bleibe einfach in der Annahme.
Du wirst unermesslich geliebt!"

Ich lasse jetzt mal das Gesagte so stehen und wünsche euch einen wundervollen … einen mit Wundern erfüllten 1. Advent.

Entwicklung – Neue Rituale und Traditionen finden

Botschaft vom 30.11.20

Etwas Neues möchte wachsen … etwas Neues möchte geschaffen werden … ent-wickelt werden. Etwas Altes möchte er-löst werden … etwas Altes möchte ent-täuscht werden. Ich fühle eine zuckersüße Schwere voller Wehmut und aufgeregter Vorfreude.

Es ist die Endzeit dieses Jahres … dieser Zeit-Epoche … dieser altbekannten 3D-Ebene. Etwas Neues möchte bzw. wird bereits vorbereitet. Es geschieht noch sehr im Verborgenen. Diese Weihnachtszeit … diese Adventszeit ist eine bewusste Abschiedszeit von etwas Altem.

„Wir begrüßen dich aus den höchsten Licht-Liebes-Ebenen, aus denen auch du kommst. Unter uns ist unter anderem die Energie, die ihr als Saint Germain kennt … als Erzengel Metatron und Erzengel Michael. Viele sind hier … sehr viele. Es werden aktuell viele Energien gebraucht, also erscheinen wir sehr oft als Gruppe.

Wir bereiten DICH auf das Neue vor. Wir helfen dir, dich an das zu erinnern, was du bist.
Das, was du denkst, auf menschlicher Ebene zu sein, ist nicht das, als das wir dich wahrnehmen. Als das, was wir von dir wissen und kennen. Klein gehalten hast du dich … freiwillig. Erniedrigt hast du dich … freiwillig. Deine Schöpferkraft hast du abgegeben … freiwillig. Deine Hellsinne hast du vergessen … freiwillig. Du hast dich einem Glauben angeschlossen, der nur eine Illusion ist. Auch das geschah freiwillig.

Jetzt IST die Zeit, in der du dich wieder erhebst. Du bist wie ein menschliches Küken, das aus einem Ei schlüpft. Es ist alles in ihm perfekt angelegt, aber du musst erst wiedererkennen, WER und WAS du BIST. Das Ei ist deine Aura … dein unendlich kraftvolles Energiefeld um dich herum. Daher schlüpfst du nur innerlich. Deine Entwicklung geschieht in diesem kostbaren Schutz-Ei. Du nährst dich aus und von deiner Aura … von ihren Energien. Hier ist alles angelegt und schon in sehr kurzer Zeit wird euch das, was ihr unter „AURA“ versteht, für jeden von euch in einem neuen Glanz … in einer ganz neuen Bedeutung und Notwendigkeit heraus bewusst erscheinen.

Der menschliche Körper ist eher ein kunstvolles und notwendiges Beiwerk dieses Kraftfeldes namens Aura. Denn ihr musstet, um überleben und erleben zu können, einen Körper mit in die unteren Ebenen der Dimensions-Schöpfungen bringen. Derzeit und schon seit langer Zeit erfahrt ihr euch durch und mit euren Körpern. ABER …

Umso höher ihr schwingt … umso weiter ihr in die höheren Dimensionen eurer Existenz zurückkehrt, desto weniger Körper werdet ihr noch haben und brauchen. Das, was ihr eigentlich seid, ist nur das Energiefeld … diese Aura.
Alles Begreifen beginnt in der Aura … alles Verstehen beginnt in der Aura … jegliche Heilung eures physischen Körpers beginnt in der Aura. Erst DANN spiegelt euch der Körper eine RE-Aktion.
So vieles habt ihr schon verstanden … so vieles werdet ihr noch verstehen. Verstehen über das, was ihr seid … was euer Körper „nur und doch“ ist. Ihr legt Wert auf eure Körper und das ist gut und richtig so. Ihn braucht ihr, um euch erfahren zu können … noch …
Mit dem Eintritt in die 5. Dimension wird sich das Blatt langsam wenden und mit dem SEIN in jeder höheren Dimension immer mehr und mehr.

Was ihr eurem Körper Gutes tut, tut ihr dem gut, was ihr wirklich seid – nämlich dem Energiefeld – eurer sogenannten Aura. Noch besteht eine Symbiose zwischen eurem physischen und feinstofflichen Körper. Ihr braucht einen gesunden Körper, um eine gesunde Aura zu haben und doch könnt ihr euch feinstofflich verändern, um dem Körper Heilung zu schenken. Ist das sehr verwirrend für euch?

Innerhalb der Aura funktioniert alles schon sehr bald immer mehr nur auf Quantenebene und die Energie eurer Gedanken wird bereits immer lesbarer in der Aura. Umso bewusster ihr euch eurer Aura werdet … umso tiefer ihr in die 5. Dimension eintretet …, desto stärker wird sie sich verändern. Sie wird komplexer. Ja, du wirst langsam wieder zu dem, der du bist in deinem tiefsten Ursprung und das „in“ und „bei“ euch zu beobachten ist unbeschreiblich schön und sehr ergreifend für uns.

Was hat das nun mit Weihnachten zu tun, fragt Stefanie?
Wir wissen, dass das Weihnachtsfest mit seiner Tradition und seinen Ritualen eine große Bedeutung für viele von euch hat. Jetzt möchten wir euch einladen, das sogenannte „Fest der Liebe“ noch einmal bewusst zu leben und zu erleben. Diese Jahreszeit darf immer stärker von ihrer Symbolik her verstanden und gelebt werden. Denn sie ist eine Zeit des Abschieds und des Neubeginns. Diese alte Tradition des Weihnachtsfestes wird es nicht mehr lange geben. Somit erlebt sie bewusst und neu. Fragt euch, was ihr mit ihm verbindet und warum ihr es feiert. Nehmt einmal die Wertung von Seiten des Glaubens heraus und feiert erneut.

So viele von euch fragen sich, warum es nicht möglich ist, diese einzigartige globale Energie der Liebe des Heiligen Abends immer zu leben … zu spüren … zu verbreiten. Tut es doch einfach. Das Leben … jeder Tag … erhält den Wert und die Bedeutung, die ihr ihm gebt. Nicht mehr und nicht weniger. Braucht es einen Grund, freundlicher zu sein oder mehr Liebe zu geben? Braucht es dafür so etwas wie das, was ihr „Weihnachtsfest“ nennt?

Etwas Altes bricht weg … etwas Neues entsteht und ent-wickelt sich. Eure Aura und das Fest der Liebe – gerade jetzt zu dieser Endzeit der alten dreidimensionalen Ebene … steht in engem Zusammenhang. Lasse dein Licht leuchten. Was ist damit gemeint?
Jeder Mensch liegt jetzt wie in einer Krippe. Nackt, zerbrechlich, hilflos und doch ist alles in ihm angelegt, um Großes zu vollbringen. Das Leuchten seiner Aura … der Glanz … Wärme bringen … Wissen … Weisheit. Es geht darum, sich abzulösen von alten Traditionen und aus ihrem Kern ein neues Gerüst zu formen (keine neue Religion). Es geschieht derzeit so unendlich viel.
Bleibe IN dir bewusst, MIT dir bewusst und sei AUS dir heraus bewusst und fühle immer in dich hinein, was du bist. Bekomme ein Gespür für dich selbst in dieser so besonderen Zeit.“

Uhhiiii … ich lasse mal wieder alles so stehen und wünsche euch einen guten Start in die erste Advent-Woche des Jahres 2020.

Adventskalender – Geschenke überbringen und empfangen

Botschaft vom 1.12.20

Ab heute werden wieder „Türchen" aufgemacht. Die Adventszeit hat begonnen. Was ist bei dir im Türchen Nr. 1?

„Der Brauch, in der Adventszeit einen Adventskalender zu besitzen und Türchen zu öffnen, ist weit verbreitet. Doch hat jeder Mensch einen Adventskalender? Nein. Was kann ER jetzt öffnen?

Stelle dir vor, du sitzt auf einem wunderschönen Blatt und rauschst über den Fluss deines Lebens. Stelle dir vor, es gibt dort an diesem Ort kein Fest, das sich „Weihnachten" nennt. Es ist niemand da, der dir einen bunten, mit Geschenken bepackten und liebevoll dekorierten Adventskalender schenken könnte. Einfach, weil es kein Weihnachten mehr gibt. Was ist dann?
Die Vorstellung, unabhängig von den Hintergedanken dieses Brauchs, etwas zu besitzen, um sich täglich einen Teil vom Ganzen nehmen zu dürfen, ist doch sehr reizvoll. Überströmt nicht ein Gefühl von Wertschätzung, Hingabe und Demut, Liebe und Dankbarkeit denjenigen, der diese Geschenke annehmen darf?

Wir möchten euch eine Idee dafür schenken, wie ihr das gesamte Leben zu einem Adventskalender machen könnt. Die einzige Voraussetzung ist ein offenes Herz und die Intention, etwas erhalten zu wollen … ein Geschenk. Und JA, das gesamte Leben IST ein Adventskalender. Die Geschenke des Lebens sind ebenfalls bunt, oft interessant verpackt und liegen versteckt unter (im übertragenen Sinn) Steinen, in Höhlen, auf Bäumen und tief in der Erde. Manchmal werden sie von Menschen übergeben … manchmal von Tieren … manchmal von Wesen aus der Elementarwelt, von Fabelwesen oder Bewohnern der luftigen Höhen des Universums.

Diese Geschenke werden für dich, während du auf dem Blatt über den Fluss deines Lebens treibst, regelmäßig verteilt. Überall … hinter jeder

Ecke bekommst du ein Geschenk. AUCH von DIR SELBST. Ist dir das bewusst?
Das Leben schenkt dir täglich viele Dinge, doch nimmst du sie wahr? Kannst du sie als Geschenk erkennen?

Es gibt einige Menschen, die sich über das Lächeln eines anderen Menschen freuen können … dafür Dankbarkeit empfinden können … sich dadurch bereichert und erfüllt fühlen können.
Erkenne die Möglichkeit eines Tausches im gegenseitigen Überbringen von täglichen Geschenken, damit du sowohl Geschenke überbringen als auch empfangen kannst … wertvolle Geschenke. Du kannst sie der geistigen Welt schenken … den Bewohnern und Wesen der Erde … DER ERDE … dem Universum … einem anderen Menschen und den Tieren. Was hast du zu geben? Was kannst du bieten? … Und kannst du auch annehmen?

Öffne dein Herz … öffne deine Hellsinne … öffne deine Empathie und deine Sensitivität. Laufe herum mit einem offenen Wesen und blicke dich um. Werde dir eines jeden Augenblicks bewusst. Selbstverständlich ist nichts, doch ein Geschenk steckt in allem.
Was könnte dir ein Zwerg schenken … was könnte dir die Erde schenken? Lerne, wenn du dich dazu eingeladen fühlst, ganz genau zu schauen. Denn im „Lebens-Geschenke"-Erhalten steckt auch ein Hauch von „Ostern" … du musst manchmal suchen und doch wird es dich immer finden. Die Bedingung ist, immer etwas für das, was du erhalten hast, im Gegenzug ein Geschenk zurückzugeben. Das Gesetz des Gleichgewichts ist auch ein kosmisches Gesetz. GEBEN und NEHMEN in einem Austausch aus von Herzen kommenden Energien.
Halte das Gleichgewicht in der Waage. Du darfst jeder Zeit gerne nehmen, doch sorge im Laufe des Tages für einen Ausgleich. Die Waage des Lebens darf nicht aus dem Lot geraten.
Macht dir das wieder Druck?

Geschenke des Lebens zu geben oder zu empfangen sollte nie aus dem Verstand heraus geschehen. Alles ist immer freiwillig. Finde eine intuitive, aus dem Herzen kommende Balance … entwickle ein Gespür dafür, wieviel du selbst gegeben oder empfangen hast. Es geht nicht

zwangsläufig darum, einer Person unbedingt etwas wieder zu geben, von der du etwas erhalten hast. Nein …
Es geht um ein Grundgespür für den allgemeinen Austausch in deinem Leben. Druck soll dadurch keiner entstehen. Wenn Druck entstünde, wäre etwas „falsch" gelaufen.
Geben und Nehmen ist immer eine freiwillige Aktion … ein Akt der Liebe und des Wollens … des Wohlwollens …

Beginne spielerisch, Geschenke zu erkennen, und teile deine Geschenke spielerisch aus. Sie haben oft nur einen ideellen Wert, obgleich ein Geschenk sehr wohl auch einen materiellen Wert haben kann … selbstverständlich. Doch gib selbst immer nur das, was du auch aus vollstem Herzen geben kannst, ohne etwas dafür zu erwarten. Sei dabei authentisch … ehrlich und voller Hingabe und Liebe.

Vielleicht bekommst du eine Energieerhöhung geschenkt … vielleicht ein Lächeln … vielleicht eine Einladung … einen Stein … eine Sternschnuppe …
Was kannst du verschenken? Vielleicht Dünger für deine Blumen … vielleicht Aufmerksamkeit und ein Spiel für deinen Hund … vielleicht dein Licht in Zeiten der Hoffnungslosigkeit …

UND welche Geschenke kannst du dir selbst machen? Wie und womit kannst du dich selbst beschenken? Vielleicht mit der Verbindung zu deiner eigenen Seele … mit einem duftenden Wannenbad … mit gutem Räucherwerk oder dem Schein der Kerze, die dein Herz aufleuchten lässt …

FINDE dein Gleichgewicht im kosmischen Gesetz des Gleichgewichts.
Wir wünschen dir eine Fülle an Geschenken … ein Gefühl von erfüllt sein … beschenkt sein … von dankbar sein.
Wir schicken dir an dieser Stelle die erste Sternschnuppe. Du hast einen Wunsch FREI. Erwarte weitere, denn das Gesetz des Gleichgewichts nimmt jetzt ebenfalls neue kosmische Dimensionen an. Erwarte viele Geschenke und finde das Lot für den Ausgleich. SEI in der Balance deines SO SEINS."

Damit wünsche ich euch als Steffi reich gefüllte Türchen auf dem Fluss eures Lebens. Ich fühle gerade unendlich viel Dankbarkeit. Habt einen erfüllten und reich beschenkten Tag … für immer und ewig.

Zahnräder – Umkehrung und Eröffnung nach dem Nullpunkt

Botschaft vom 2.12.20

Ich sehe ein Zahnrad … bestehend aus vielen, vielen unterschiedlich großen Zahnrädern. Es ist eine Maschinerie. Überall dreht es sich. Manche Zahnräder drehen sich schnell und manche langsam … und einzelne ganz langsam. Aber diese Maschinerie ist in Bewegung.

„Diese Zahnräder … diese Maschinerie … geben wir dir als Bild für den Aufstiegsprozess, in dem sich die Erde derzeit befindet. Jeder noch so kleine Baustein im System … jede noch so kleine Veränderung … ist in Bewegung. Die sichtbaren Veränderungen geschehen teils sehr schnell und manchmal auch in deiner Wahrnehmung sehr langsam und doch … es geschieht. Daher brauchst du keine Angst davor zu haben, dass irgendein Element vergessen wird.

Jedes Zahnrad hat einen ureigenen Mechanismus, der nach einer bestimmten Umdrehung einen Prozess auslöst. Begreife es, wie das Geschehen von Ursache und Wirkung. Nach der Auslösung des Mechanismus kann keine Umkehrung mehr geschehen – die Wirkung tritt ein … unwiderruflich.
Das, was ihr als Dunkelmächte bezeichnet, versucht noch immer, einzelne Rädchen anzuhalten oder Hindernisse zwischen die Rädchen zu legen, damit sie anhalten müssen. Doch das funktioniert nicht mehr. Selbst sie müssen das einsehen und ziehen sich immer mehr zurück. Noch erscheint es für euch nicht sichtbar, aber wisse, dass die Wirkung mancher Ursachen einfach auf sich warten lässt. Bleibe im Vertrauen, es WIRD geschehen. Auf der Waagschale wiegt das Positive schwerer und nimmt sogar die andere Seite, die bis vor kurzem noch vollständig der negativen dunklen Schöpferebene „gehörte“, mit für sich ein. Die Licht-Liebes-Schöpferenergien setzen sich einfach neben die noch wenigen dunklen Anteile. Das Licht setzt sich direkt neben die Dunkelheit und sie muss es erdulden.

Du hast vielleicht in letzter Zeit öfter die Erwähnung des bevorstehenden 21. Dezembers gehört. Dieser Tag ist sehr besonders, weil viele Mechanismen an diesem Tag ausgelöst werden … SEHR VIELE. Ab diesem Tag gibt es keine Hindernisse mehr im gesamten System. Ab dann geschieht eine automatische Reinigung und Ölung der Maschinerie und das gesamte System beginn leicht und geschmiert SCHNELLER zu laufen. Noch lief und läuft es immer langsamer und gequälter, doch mit dem 21. Dezember 2020 ist die schwierigste, langsamste und die anstrengendste Schwingung und Drehung aller Zahnräder erreicht und abgeschlossen. Ab dann kommt langsam Leichtigkeit und neuer Schwung in die Maschinerie. Gut geölt schnurren alle Zahnräder eigenständig, wie von Zauberhand, und haben etwas wie ein „Bewusstsein" bekommen. Ist das für dich verständlich?

Eine Umkehrung ist undenkbar … die Lawine ist kurz vor der Auslösung. Ein großer Umstand und wichtiger Baustein im Aufstieg ist damit erfolgreich abgeschlossen worden. Diesen Umstand nennt ihr das Durchschreiten des Nullpunktes. Obgleich der Nullpunkt in vielfacher Hinsicht auf unterschiedlichen Ebenen geschieht, so ist das Ereignis eine riesengroße Wende.

Aber sei nicht enttäuscht, wenn sich im Außen noch nicht die volle Pracht zeigen kann. Denn mit dem Durchschreiten des Nullpunktes beginnen viele weitere Prozesse des energetischen Aufräumens, der Klärung und des Neubeginns. Das schafft Chaos und braucht deinen ganzen Mut, deine ganze Kraft und dein größtes Urvertrauen.

Was wir dir aber verraten können, ist, dass mit dem 21. Dezember neue Kanäle für dich freigeschalten werden – große Kanäle. Deine Hellsinne öffnen sich oder werden klarer für dich erkennbar. Sternenwesen werden Kontakt und Verbindung zu dir suchen … Die Erdenwesen werden sich dir klarer zeigen und kommunizieren. Und alles, was dir im Leben nicht mehr dienlich ist, wird sich nach und nach immer mehr auflösen und neu erschaffen. Das Aufräumen findet somit auf globaler Ebene statt und fordert ein breites LOS-LASSEN ein. Wehre dich nicht gegen das, was gehen möchte. Lasse es geschehen.

Die Maschinerie läuft und keiner der notwendigen Schritte wird vergessen. Wir sind stets an deiner Seite. Das geistige Team aller Menschen wird ab jetzt sogar noch verstärkt. Es treten weitere äußerst lichtvolle Wesen an deine Seite, die dich auf deinem persönlichen Weg begleiten und unterstützen. Nutze ihre Gegenwart. Es sind Engelwesen aus den höchsten Dimensionen, die dich durch den Wandel der nahenden Zeit begleiten werden. Sie bieten sowohl Schutz und Kraft und sie vermögen es auch, deine Wahrnehmung durch einen Schleier des Vergessens zu verändern. Sie helfen dabei, neue Prioritäten zu setzen.

Was kannst du tun? Du brauchst nichts zu tun, sondern dich nur auf die Prozesse einzulassen. Du bist vollkommen beschützt und wirst geführt. VERTRAUE! Wir werden morgen darüber sprechen, wie du bewusster in dein Vertrauen kommen und es auch halten kannst.
Du wirst unermesslich geliebt. Wir sind immer bei dir!"

Ich als Steffi … und wieder spüre ich so große Wellen der Wandlung und Veränderung … sie bäumen sich auf. Diese Wellen reißen einiges mit sich. Warten wir mal ab, was demnächst geschehen wird. Ich lasse den Rest so stehen. Mögest du für dich selbst hineinfühlen und wahrnehmen. Du stehst ja selbst in Kontakt. Vertraue darauf.

Mut, zu vertrauen – Lösen von Kontrolle und Erwartung

Botschaft vom 3.12.20

Ich bin gespannt, was heute kommt. Mir hat die geistige Welt schon gestern angekündigt, dass es heute um „Vertrauen" gehen wird.

„VER-trauen. Vertrauen ist für euch Erdenwesen ein so großes Wort. So oft wurdet und werdet ihr ent-täuscht und doch immer wieder wird Vertrauen von euch eingefordert. „Ihr sollt VERTRAUEN" … auch von uns ertönen diese Worte immer wieder. Die Herausforderung, in diesen Zeiten blind zu vertrauen, ist sehr groß.

Wie gelingt es euch, ins Vertrauen zu kommen?
Beim Vertrauen geht es um das „sich Trauen" … komplett loszulassen und sich bedingungslos führen zu lassen. Für noch sehr viele Menschen ist das fast undenkbar. Geht es doch dabei darum, jegliche Sicherheit und jegliche Kontrolle loszulassen.

Es gibt viele Situationen in eurem Erfahrungsschatz, in denen ihr euch etwas „trauen" musstet, ohne erkennen zu können, wie das Ergebnis ausfallen würde. Zum Beispiel beim Heiraten … beim Kinder Bekommen und Erziehen … beim Antreten einer neuen Arbeitsstelle … bei Prüfungen … Eigentlich müsst ihr euch immer trauen, etwas zu tun. Das beginnt schon beim Aufstehen am Morgen. Vertrauen … es geht nicht nur darum, dass ihr uns vertraut oder ob wir unser Wort halten, wirklich bei euch zu SEIN.
Es geht um das SICH SELBST VERTRAUEN. Dem Vertrauen seiner eigenen SEELE … in DEINE SEELE.

Ein Mensch, der mit seiner Seele spricht, hat sein Herz weit geöffnet … lauscht in sich hinein … spürt durch die Sprache seines Körpers, seine Intuition und seine Gefühlsregungen, was die Seele erzählen möchte. Vertrauen aufzubauen ist schwer, wenn Erwartungen im Raum stehen. Das macht es für euch gerade besonders schwer. Ihr habt so wenig

Ahnung von dem, was kommt. Ihr haltet so vieles für ver-rückt, was ihr hört, denn es klingt nicht nach dieser Welt. Nein … das ist es auch nicht. Uns jetzt zu vertrauen, bedeutet wirklich vollständiges Loslassen. Davor haben viele Angst. Und genau deswegen ist jetzt die freie Wahl so wichtig. Die freie Wahl, selbst entscheiden zu können, ob ihr diesen Weg ins Unbekannte gehen möchtet … gehen möchtet gemeinsam mit uns. Ihr/DU brauchst diesen Weg nicht zu gehen … nicht jetzt.

Auch für uns ist das alles neu, doch konnten wir uns sehr, sehr lange auf diesen Moment vorbereiten. ABER erst bis vor – in eurer Zeitrechnung – kurzer Zeit, wussten wir selbst noch nicht, ob das neue Projekt des globalen Aufstiegs für euch Menschen funktionieren würde. Auch wir konnten nur vertrauen und unseren Weg samt allen Vorbereitungen weiterverfolgen UND dann kam die wundervolle Nachricht. ES IST VOLLBRACHT … es kann geschehen!

Vertrauen ist ein Gefühl und ein Zustand. Vertrauen bedeutet, sich auf etwas einzulassen, ohne zu wissen, was sich daraus entwickeln wird. Und in diesem Fall werdet ihr wie „blind" gehalten, weil es nichts Vergleichbares gibt.
Du glaubst an Schutzengel? Du glaubst an die Existenz deiner Seele? Du glaubst an den nächsten Morgen? Du glaubst an die neue Erde? Dann lasse dich führen. Dann habe den Mut, dich fallen zu lassen in eine neue Realität. Hineinfallen zu lassen in ein neues Gefühl von Leben … ein neues Gefühl von Leichtigkeit und ein neues Gefühl von Schutz und Liebe. ALLES wird NEU … und unendlich schön.

Uns sind die Hände gebunden. Wir können deine Hellwahrnehmungen nicht einfach freischalten und dich die Möglichkeiten der kommenden Zeit sehen lassen. Das musst du selbst tun. Wie? Bekunde, es können zu wollen. Dann bekommst du ein Gefühl für das Kommende … du bekommst Bilder … du bekommst Klänge … du bekommst Farben … du bekommst ein stilles Wissen.
Das, was kommt, ist so groß, dass es nicht in Worte zu fassen ist. Auch wenn es vielfach nicht danach aussieht, es wird alles gut. Wichtig für dich ist nur zu wissen, dass du dafür deine Erwartungen und Bedingungen für das „gut" ablegen musst.

Wisse, dass du kein Opfer bist. Im Gegenteil. Du bist der Schöpfer, der sich in höchster Potenzierung Schritt für Schritt in die neue Zeit bewegt. Du kannst jeder Zeit abbrechen und die Erde verlassen, wenn sich das Spiel nicht richtig für dich anfühlt … wenn du Angst hast.
JA, es fordert deinen MUT ein. Das wissen wir. Vertraue deinem Mut und vertraue deiner Stärke. Bekomme ein Empfinden für dein Licht, das DU BIST und schon immer warst. Du bist ein grenzenloses, unsterbliches Wesen, das jetzt ganz verschlafen aus einem Traum erwacht. Du musst dich erst neu orientieren … dich sammeln … dich umschauen … in deinen Körper fühlen … wahrnehmen … beobachten.

Die Entwicklung des Aufstiegs verläuft bedeutend schneller als gedacht und das liegt an EURER Mitarbeit. Ihr Menschen seid so stark, dass die Energien beginnen, sich in Lichtgeschwindigkeiten zu bewegen. Ja, die Fahrt ist sehr schnell, verwirrend … angsteinflößend und führt scheinbar nur in etwas Ungewisses.

DAHER komme jetzt in deine RUHE. Vertrauen bildet sich ausschließlich aus der inneren RUHE heraus. Wir haben schon gestern gesagt, du brauchst nichts zu tun, außer bei dir zu bleiben. Dann höre auf, dir Stress zu machen. Du kannst all die vielen Botschaften auch ignorieren und nur noch in der Stille verweilen. Aber selbstverständlich!
Du glaubst, alles lesen und hören zu müssen, damit du auch ja nichts verpasst? Nein … so ist das aber nicht. Glaubst du, dass ein Mensch abseits jeglicher Zivilisation nichts vom Aufstieg mitbekommen würde, weil er die Informationen darüber nicht erhält? Oh doch … Es wird niemand vergessen.

Deswegen nimm dir jeglichen Druck … löse dich von jeglicher Erwartung … bleibe ganz BEI DIR. Du versäumst oder verpasst nichts. Alle Informationen dienen als Standortbestimmung. Nicht mehr und nicht weniger. Entscheide für dich selbst, wann du etwas hören oder lesen möchtest. Was dich überfordert oder was dich brennend interessiert. Finde dich selbst in Zeiten großer Schnelligkeit und Veränderung. Komme zur BE-SINNUNG in dir. Werde dir selbst bewusst. Übernimm die Selbst- und Eigenverantwortung für das, was dir gut tut.

Wir bleiben bis dahin bei dir, hüllen dich ein in die lichtvollsten Energien und halten deine Hand, wenn du es wünschst. Lebe dein Leben. Der Aufstieg geschieht. So oder so. Du wirst Energieanhebungen erfahren und deine Kanäle werden geöffnet werden. Du kannst das Geschehen nicht verpassen. Lehne dich zurück … Gehe in die Ruhe, Innenkehr und Stille. Die Jahreszeit könnte für euch Menschen gerade nicht passender sein. Wir sind immer bei DIR. Du kannst nicht einmal ohne uns sein, weil wir zu dir gehören … zu deiner Seele. Du wirst unendlich geliebt."

Damit wünsche ich euch einen besinnlichen Tag voller innerer Ruhe und tiefstem Vertrauen.

Gott spricht – Energieerhöhung und körperliches Befinden

Botschaft vom 4.12.20

Es ist ein kristallines, silbriges Gold, das aus den höchsten Ebenen herab und in mich hineinfließt. Es fühlt sich fast etwas „kühl-klärend" an. Ich spüre Reinigung auf energetischen Ebenen und in energetischen Kanälen, die außerhalb meines Körpers liegen und es kribbelt in jeder Zelle meines Körpers. Diese Energie hält den Raum – und WIE!!! ... legt sich um die Erde herum, wie ein Nebel. Es klingt paradox. Diese Energie fühlt sich so kühl an, weil sie in ihrem Ursprung gefühlstechnisch neutral ist (ich kann sie kaum fühlen, weil da NICHTS ist). Wenn ich ganz tief in sie hineinfühle, nehme ich das wahr, was pure Göttlichkeit und Liebe genannt wird. Und es ist auch ihre Aufgabe, uns auf eine neue Schwingungsebene der Göttlichkeit zu heben. Wir Menschen und alle Lebewesen auf und in der Erde werden er-hoben. Diese kühle, höchste Energie IST neutrale Liebe. Gleichzeitig spüre ich von ihr Neugierde und doch tiefste Verbundenheit mit und zu allem, was IST, existiert, und jemals existiert hat. Diese zeitlose Energie ist Autorität, allumfassendes Wissen und eine Macht. Ich spüre eine Dualität, die sich vom Anbeginn der Schöpfung in „gut" und „schlecht" verzweigt und dann weiter in Unterstufen verästelt. Diese Energie hat Gut und Böse erschaffen. Aus ihr entspringt die Dualität und gleichzeitig ist sie vollkommen in ihrer GANZHEIT.

WOW ... dann bin ich mal gespannt, was sie mir zu sagen hat. Ich habe das Gefühl, dass sie mir etwas persönlich mitteilen möchte, was aber aktuell mit uns allen geschieht. Wenn also von DU gesprochen wird, so fühle du dich auch bitte persönlich angesprochen. Dieses DU trifft auf jeden von uns allen zu.

„Es gibt für mich keinen Namen, also versuche nicht, ihn zu finden. Ein Name schafft Wertung und ich möchte neutral bleiben. Zu viele

Dogmen sind durch Worte erschaffen worden. Ja, du magst mich als kühl empfinden, doch habe keine Angst vor mir.
Mir ist es wichtig, mich selbst einmal einzubringen und mir einen Überblick zu verschaffen … daher zeige ich mich. Ich beobachte euch auf der Erde seit Anbeginn der Zeit und jetzt ist der Augenblick gekommen, wo ich selbst aktiv werde.

Jedes Lebewesen auf der Erde bekommt von mir eine Energie übertragen. Sie macht dich feinstofflicher und lässt wieder den Samen einer bewussten, im Ursprung existierenden Göttlichkeit heranreifen … sie hilft dir dabei, dich wieder bewusst zu erinnern. Sie ist sowohl eine Eintrittskarte für das, was ihr „die neue Erde" nennt, als auch ein Zeichen meiner persönlichen Wertschätzung und Achtung für die Arbeit, die du als Mensch in all deinem Sein … in unendlichen Inkarnationen … auf so vielen Ebenen, Planeten … in unterschiedlichen Gestalten und Formen für mich getan und erfahren hast. Ich kann kein anderes Gefühl dafür finden, um es dir zu vermitteln, als „Ich bin stolz auf DICH!".

Ich erhebe dich jetzt auf die nächste Stufe der menschlichen Evolution. Es geschieht in einem Augenblick, denn so ist auch die Erde entstanden. Alles entstand aus einem Augenblick. Jede Wirkung braucht nur eine Ursache und diese Ursache schaffe ICH. Für mich geschieht es in einem Augenblick, doch erfährst du es in langsamen Dosen. Zu sehr würde es dein zerbrechliches, menschliches System überfordern und – geschähe es wahrhaft in einem Augenblick – zerreißen und gleichzeitig zerdrücken. Also bleibe geduldig, damit du dich an die Veränderungen deines Körpers langsam gewöhnen kannst. Die Erde samt allen SEINS ist auch nicht an einem Tag erschaffen worden und doch entstand sie aus dem Augenblick heraus … in dem Bruchteil einer Sekunde. Kannst du das erfühlen?

Du bekommst von mir eine Reihe von Energieerhöhungen. Es geschieht bereits seit vielen Wochen dieses Jahres und wird sich immer weiter intensivieren und verstärken. Dein Körper erfährt dadurch Symptome, die du als sehr ungewöhnlich oder krankhaft empfinden wirst. Sie bringen Schwindel mit sich … Übelkeit … Herzaktivitäten … dein ganzes Zellsystem vibriert und du kannst nicht klar denken. Das sind nur einige der wenigen Reaktionen, die dein Körper zeigt. Manche der Erhöhungen sind (in eurer Zeitrechnung) nach 5 Minuten abgeschlossen … andere laufen über Stunden oder Tage. Wisse, dass alle Symptome gehen werden, sobald sich dein Vielkörpersystem auf allen Ebenen angepasst hat. Dieser Prozess dauert noch eine ganze Weile an … sei darauf vorbereitet.

All die körperlichen Anpassungen sorgen in der Tat auch dafür, nicht immer klar denken zu können. Das ist so gewollt, damit du deinen geschäftigen Verstand schlafen legst. Oder glaubst du wirklich, es könnten alle Veränderungen an dir vorgenommen werden, während du deinem normalen Alltag nachgehen kannst? Etwas mehr steckt schon dahinter. Sorge also selbst für viel Ruhe in den nächsten Wochen … DEN letzten Wochen dieses Jahres.
Es gibt viele Menschen, dich sich aufgrund ihrer beruflichen Aufgaben wenig Zeit für Ruhe gönnen können. Das wissen wir. Da ist der Ausgleich von bedeutender Wichtigkeit.
Gib deinem Körper so oft wie möglich die Ruhe, die er braucht. Die kleinen Auszeiten sind einfach notwendig für die körperlichen Veränderungen und Prozesse der Anpassung und Angleichung.

Ich weiß, was all das für dich bedeutet … in diesem Augenblick … und wertschätze es auf höchster Ebene des SEINS. Der Lohn wird für dich und die ganze Erde … das ganze Universum … das Multiversum … so groß und unermesslich sein, dass sich jede Anstrengung, wie bei einer Geburt, lohnt und in Vergessenheit geraten wird.

Ich bin unendlich stolz auf DICH, du großartiges Licht. Du hast wunderbare Arbeit geleistet, um an diesen Punkt zu gelangen, zum Wohle des GANZEN. Erwarte die höchste Potenzierung all deiner Möglichkeiten. ICH BIN IMMER BEI DIR.“

Meine Güte, was für eine Präsenz und Energie! Ich bin gerade ziemlich „wattig“ im Kopf *lach*. Ich wünsche euch … jedem DIR auf der ganzen ERDE … einen wunderschönen Tag.

Verpuppung – Was bedeutet „Glaube"?

Botschaft vom 5.12.20

Ich spüre ein leichtes Gefühl von Angespanntheit … mein Herz klopft schnell … der Verstand schießt quer.
Dann sehe ich so etwas wie Lebenswege … mein Körper wird eingehüllt in ein Rosarot … dieses Rosarot ist dunkel und kraftvoll, durchdringend und sehr beschützend einhüllend. Ich fühle meine geistigen Begleiter um mich herum … fühle mich sicher und geführt. Und jetzt bekomme ich ein Gespür dafür, worum es heute gehen wird.

„Es sind sehr schwere Zeiten für dich. Zeiten der Einschränkung … des Verzichtes … des Verlustes … der massiven körperlichen Unbefindlichkeiten. Du wurdest LAHMgelegt … und in deiner Wahrnehmung mag es sich anfühlen wie ein negativer Angriff auf euch Menschen. Ja, die Angst vor einer menschlichen Versklavung ist in vielen von euch hoch. Tönt es doch wie in manchen Büchern als schlimmste Prophezeiung bezeichnete Realitätsmöglichkeit. Und jetzt dürft ihr nicht das, was ihr wollt … werdet in eurer Freiheit eingeschränkt und begrenzt … es herrscht noch immer Chaos und es greifen Zweifel um sich, in welche Richtung das Geschehen wohl noch gehen mag. Merkst du, was gerade geschieht? Den dunkelsten Ängsten niedrigst schwingender Energien wird Einlass geboten.

So eine Angst kann sich nur manifestieren, wenn DU ihnen Einlass gewährst, du ihnen Raum in deinen Gedanken gibst … dich auf sie fokussierst und daraus resultierend auch durch deine Gefühle lebst. Höre auf damit, falls du dazu gehören solltest. So weit kommt es nicht, auch wenn vieles gerade anders aussehen mag. Komme raus aus deiner Angst.

Es sind so viele Menschen … darunter auch viele Lichtarbeiter, die „Angst" leben. Wo ist dein Glaube geblieben? Sollte er nicht gerade dann aktiv gelebt werden, wenn die Zeiten hoffnungslos scheinen? Wo ist dein Glaube? Was ist Glaube für dich überhaupt?

Er funktioniert für viele von euch nur, wenn alles „nach Plan" läuft, nicht wahr? Dann fällt es leicht, zu glauben. Doch was ist, wenn Erwartungen nicht erfüllt wurden oder die Welt in euren Augen grau und düster erscheint … Dramen geschehen? Wenn keine Kontrolle mehr durch irgendwen oder irgendwas vorhanden ist? Woran kannst du dann noch glauben? Es geht in der aktuellen Zeitqualität auch darum, seinen Glauben neu zu definieren. Gefühlte Sicherheiten gehen verloren … das macht auch Angst.

Wir beschreiben euch einmal unsere Sichtweise auf eure Situation:
Die Einschränkungen dienen dem Rückzug. Sie helfen euch … helfen DIR … neu zu denken … anders wahrzunehmen, kreativ zu handeln … neu zu finden … mal aus der Meta-Ebene heraus das ganze Leben zu betrachten … ganz bei DIR zu SEIN … zu lernen, DICH SELBST auszuhalten … deine Gefühle bei Einschränkungen kennenzulernen … DICH zu ENT-wickeln.

Du bist in der Tat beim großen Aufstiegsprozess, wie eine Raupe im Endstadium ihrer Verpuppung. Du fühlst dich eingeengt, massiv beschränkt und kannst nicht erkennen, wohin das Ganze noch führen wird. Lege einmal deinen Verstand für einen Augenblick zur Seite … GANZ! Wenn du all deine wertenden und verurteilenden Gedanken des Opferdaseins mal ignorierst, findest du ein kleines, helles Gefühl tief in dir. Dieses kleinste Licht strahlt in dir. Es lässt sich niemals ausschalten. Nie und von keinem. Selbst von deinem Verstand nicht. Und dieses Licht trägt die Energie von HOFFNUNG in sich. Eine Hoffnung, die eine Stärke und einen unergründlichen Glauben in sich trägt. Ihre Ursubstanz ist eingebettet in das Fundament der LIEBE.
DU BIST DIESER SCHMETTERLING IM PROZESS SEINER VERPUPPUNG. Finde diesen Lichtpunkt tief in dir zwischen der vollkommenen Neutralität all deiner Gedanken. Gedanken helfen jetzt nicht weiter … fühle … Gehe in die Neutralität deines SEINS und fühle. Wenn du DEINEN Lichtpunkt einmal gefunden hast, wirst du dich nie wieder einsam, verlassen oder ängstlich fühlen. Denn diese Gefühle entstammen der emotionalen Hexenküche deiner Gedanken.

Das Nadelöhr ist fast durchschritten. Die Enge und Dichte werden sich sehr bald verändern. Zunächst in dir und irgendwann auch im Außen.

Dann wirst du weiter … Lasse den Lichtpunkt in dir größer werden. Mache ihn groß und weit. Gib ihm Raum …
Angst entsteht durch Gedanken – wisse das. Nicht durch eine Situation.

Konzentriere dich ab jetzt auf das Licht … auf diesen kleinen Lichtpunkt jenseits aller Wertung und aller analysierenden Gedanken. Siehst und fühlst du ihn, bist du in deiner Balance. DANN BIST du LIEBE und lebst aus der Liebe. Bleibe darin. Du wirst feststellen, du kannst viel klarer denken, wenn du in deiner Mitte BIST. Kannst du das spüren? Lebe und handle jetzt aus deinem Licht heraus. Dieses Licht ist deine Seele. Und mit deiner Seele steht um dich herum eine Vielzahl geistiger Wesen aus den höchsten Ebenen, die nichts anderes tun, als dich in diesem Prozess zu unterstützen und dich zu begleiten. Bitte glaube uns: Das, was dich zu Boden zwingt, sind deine eigenen Gedanken. Nicht der Gedanke an sich, sondern die Art und Weise deiner Beurteilung. Sie machen dich unfrei. Dein Licht in dir … deine Seele, wird dir sagen, dass alles in Ordnung ist. Auch wenn Chaos herrschen mag. Deine Intuition wird von deiner Seele genährt. Sie kennt den Weg. Höre auf deine Intuition … nicht auf deinen Verstand. Der Verstand ist ein verfälschtes und verzerrtes Gedankenkonstrukt, begründet auf interpretierte Annahmen und Vermutungen.

Mit der Beendigung der Verpuppung kommt der Prozess des Trocknens und des Fliegens. Bist du bereit? Auch das bringt neue Herausforderungen mit sich. Doch wisse das … du wirst zu gegebener Zeit alles können und alles wissen. Wir begleiten dich dabei. Deine Aufgabe ist jetzt, GANZ BEI DIR zu bleiben … deinen Lichtpunkt … deine Seele in dir weit, groß und hell werden zu lassen und IN DIR zu RUHEN. Die Enge wird sich wandeln … sehr bald schon. Fühle dich auf die innigste Art getragen, beschützt und umsorgt. Du kannst nicht fallen, weil wir dich an der Hand halten und dir jede Lebens-Unebenheit ebenen, die dir nicht dienlich ist. Lege deine Angst ab und VERTRAUE. Wir sind immer bei dir. Wir können nicht nicht bei dir sein.“

Ich – als Steffi – spüre, dass auch die Angst noch ein Thema von uns allen ist, die durchlebt und geheilt werden muss. So, als sollten wir sie besiegen lernen. Doch ist es kein Kampf, sondern die simple Veränderung unserer eigenen Wahrnehmung auf das Leben. *„Angst ist eine Illusion"*, wird mir gerade noch dazu gesagt. In dem Sinne wünsche ich euch einen wunderschönen Tag in tiefster Liebe mit und für euch selbst.

Nikolaus – Zentrierung und Verantwortung im Handeln

Botschaft vom 6.12.20

Ich spüre über mir viele Augen … sie schauen mich an, beobachten mich. Ihre Blicke sind offen, teils auch ängstlich … zweifelnd … abwartend … erwartend. Dazu fühle ich viele Gefühle, deren Inhalt ich heute anschauen soll.

„Diese Zeitqualität ist nicht nur extrem, sondern auch neu. Einerseits öffnen sich viele Kanäle und wir nutzen diese Gelegenheiten sehr gerne, um euch mit den Informationen der aktuellen Situation zu versorgen. Auf der anderen Seite sehen wir eure Reaktionen, in Form von Reizüberflutung, Unsicherheit, Überforderung … und dann gibt es die unter euch, die mit jeder neuen Energie … mit jeder neuen Welle, wie selbstverständlich, sicher und souverän surfen und mitreiten.
Jeder Einzelne von euch interpretiert und bewertet die gegebenen Informationen anders. Nicht immer wird die Botschaft in ihnen wirklich verstanden – geschweige denn umgesetzt. Das ist auch in Ordnung. ABER …

Nehmt jetzt das Beispiel eines Radios. Manche Menschen lassen einfach das Radio den ganzen Tag laufen. Die Musik … die Nachrichten … die Werbung … alles tönt den ganzen Tag, doch wird nicht wirklich hingehört. Informationen werden wie „nebenbei“ aufgenommen und wer es zu „leise“ eingestellt hat oder gerade abgelenkt ist, bekommt eben nicht die gesamte Information übermittelt. Doch es geht um ein Vielfaches mehr als nur um Informationen!“

Ich als Steffi werde gebeten, mediale Bilder weiterzureichen. Ich sehe das Radio. Und ich sehe viele Menschen an diesem Radio sitzen (bitte alles sinnbildlich verstehen). Die Menschen suchen sich einzelne Sender heraus und springen von Sender zu Sender. Sie überfluten sich mit Informationen und Botschaften und das löst etwas wie kleine Kurzschlüsse in ihrem körperlichen System aus. Die Nervenbahnen können nicht alles verarbeiten und erfassen. Vieles wird wie „nebenbei“ an Energien aufgenommen. Nur handelt es sich nicht um die Energieschwingung von Musik, bei der das kein Problem darstellt, sondern um frequentierte Energie-Kanäle. Das bedeutet, es werden Energien transferiert, körperliche Zellsysteme verändert, menschliche Kanäle geöffnet und Programmierungen sowie Aktivierungen vorgenommen. Es sind nicht nur Worte – gleich ob gesprochen oder geschrieben.

Es liegt an jedem Menschen selbst, VERANTWORTUNGSBEWUSST zu handeln und sich bewusst zu machen, warum man einer Botschaft folgen möchte. Dient sie nur der Befriedigung einer Neugierde, sollte darauf verzichtet werden. Ich gebe wieder an die geistige Welt ab.

„Auch wenn der Aufstiegsprozess ein Spiel ist, sollte er ernst genommen und sich seine Konsequenzen bewusst gemacht werden. Hier geht es um das Prinzip von Ursache und Wirkung. Noch scheint es für euch als ein Spiel, doch in nicht allzu langer Zeit wird vieles ernst. Nicht, weil euch irgendjemand ärgern möchte, sondern weil die Notwendigkeit eurer Konzentration und die volle Entwicklung eures Bewusstseins einfach entscheidend und wichtig ist.

Entscheide, wann du aufnahmefähig bist für Informationen … entscheide, ob und wann der richtige Zeitpunkt für dich ist, sie zu empfangen … entscheide, wann du auch einmal im Aufnahmeprozess pausieren möchtest. Entscheide dich, zu entscheiden. Übernimm Verantwortung für dein Handeln … für jede deiner Handlungen.
Viele geben ihre Verantwortung noch ab. Das geschieht unbewusst zeitgleich mit dem Wort „Vertrauen“. Wir handeln nicht für euch. Verwechselt das nicht. Du bist ein hochentwickeltes, Licht-Liebes-Schöpferwesen. Wir stehen nicht über dir, auch wenn du das denken magst. Unsere Existenz hängt auch von dir ab. Begreife die Größe deines SEINS.

Jede noch so scheinbar unbedeutende Botschaft ist wie das Überreichen eines Nikolaussacks. In ihm sind Geschenke für DICH … für jeden einzelnen Menschen auf der ganzen Welt. Der eine Mensch bekommt den Sack persönlich überreicht und ist sich der kostbaren Überbringungen samt seinem Inhalt bewusst … ein anderer findet seinen Sack vor seiner Haustüre stehend – unerwartet und überraschend und wieder ein anderer Mensch weiß nicht einmal etwas von der Existenz dieses Sacks samt seinen Geschenken und empfängt sie dennoch tief in seinem Herzen. Er spürt und weiß plötzlich einfach etwas, ohne scheinbar fremdes Zutun.

Du erhältst – wenn du dich hierfür entschieden hast – mit jeder Botschaft einen Nikolaussack. Enthalten sind Geschenke in Form von Worten und Energien … von Bildern und Frequenzspulen … von Portalen und hellsinnigen Eindrücken. All die Geschenke sind bunt verpackt und ihr Inhalt nicht immer auf den ersten Blick zu erkennen oder zu begreifen.
Beginne jede Botschaft zunächst selbst zu erfühlen … halte sie sinnbildlich in deinen Händen und fühle. Dann packe sie aus und finde für dich heraus, um was für ein Geschenk es sich handelt und was es für DICH in DEINEM Leben bedeutet. Schaue nicht oberflächlich, sondern hinter den Vorhang … blicke in die TIEFE … nimm wahr … beobachte … sei bewusst.
Wer das nicht tut oder keine Lust dazu hat, wird keinen Nutzen durch die Geschenke erfahren und leer ausgehen. Er wird der Meinung sein, das alles seien nur schöne Worte mit leeren Versprechungen und ohne Inhalt oder Nachhaltigkeit.
Den Inhalt und seinen schöpferischen Reichtum gibst du jedem Geschenk SELBST. Nur DU! Wir als geistige Welt … und wir sprechen zu dir aus einer Vielzahl von lichtvollen Wesen aus dem Aufstiegs-Kollektiv … überwachen den großen Übergang und bieten Hilfestellung, um einen groben Weg für DICH – für euch alle – zu ebnen und zu bereiten. Wir verteilen Hilfsmittel, doch diesen Weg samt aller Verantwortung gehst du selbst. Alleine … individuell und doch gemeinsam mit uns. Begreifst du die Größe all dieser Worte?

Es dürfen keine reinen Worte sein, die du aufnimmst. Es geht um ihre Energie. Empfange nicht oberflächlich zwischen Frühstück und Mittagessen, sondern zelebriere in bewusster Eigenverantwortung die Energieaufnahme. Du befindest dich in einer Art Vorbereitung auf eine sehr große und weitreichende, mit Konsequenzen behaftete Abschlussprüfung. Das macht dir Angst? Das braucht es nicht. Denn DU darfst

entscheiden, ob du an ihr teilnehmen möchtest. Es wird dir lediglich angeboten, an ihr teilzunehmen.
Wir rufen dich an, wenn es dein Weg sein sollte, und laden dich ein, uns zu helfen. Wie kann deine Hilfe aussehen?
Folgt euren Herzen und lasst euch von Handlungen aus der Liebe … aus dem Herzen heraus … führen. Wir bereiten die Wege … bitte arbeitet nicht gegen sie an. Verbreitet Licht, ohne zu blenden … verbreitet Liebe, ohne Erwartung oder Gegenleistung … verbreitet Wissen, ohne zu dogmatisieren.
DAS, was DU vorlebst, ist entscheidend. DAS, was du als „normal" betrachtest, löst in anderen Menschen Vertrauen aus. DAS, was du aus dem Herzen heraus gibst, wird eine ertragreiche Ernte mit sich bringen. Säe Samen … säe Verständnis … säe Frieden.
Wenn du es vermagst, verbreite dein Licht, damit andere in ihrer Dunkelheit Orientierung finden können. SEI ein Geschenk für die Erde und gib großherzig.
Was für ein Geschenk befindet sich für dich heute persönlich in deinem Nikolaussack?

Du wirst in höchstem Maße geliebt. Bitte erkenne deine Größe und deine lichtvolle Weite. Du bist wertvoll und wirst gebraucht. Gebraucht mit dem, was DU BIST und was du der Welt und dem Universum durch dein SEIN und Wissen zu geben hast – in welchen Bereichen auch immer."

Puuuuuuuuuuuuuhhh … was für Energien … was für Botschaften … was für eine Fülle an Geschenken. Ich wünsche euch einen zauberhaften und mit Wundern erfüllten Tag.

Der Dimensionswechsel geschieht – Eine Fülle an Portalen und Entscheidungen

Botschaft vom 21.12.20

Dieser Tag ist spektakulär und gleichzeitig wieder unspektakulär, weil derzeit ALLES besonders, abnormal und spektakulär IST. Wenn ich mit meiner Hellsicht und Hellfühligkeit hineingehe, sehe ich auf der menschlichen Wahrnehmungsebene nichts Besonderes. Es ist alles weiterhin chaotisch und driftet sogar noch scheinbar weiter nach „unten" hin ab. Die Energien verdichten sich und verdichten sich und verdichten sich.
Schaue ich aber mit meinem medialen Blick in unterschiedliche Ebenen hinein, so tut sich sogar SEHR vieles. Die Aktivität „hinter dem Vorhang" ist riesengroß.

Was für Bilder kommen in diesem Augenblick zum **21.12.2020**?

Ich sehe mehrere riesengroße Portale … Sie sehen aus wie riesige Reifen aus Licht und jeder trägt seine eigene Farb- und Energiesignatur. Sie sind teilweise dermaßen gigantisch, dass die halbe Erde hindurchpasst und manch' andere sind kleiner und wirken unscheinbarer … aber dieser Eindruck trügt. Die Farbe der Licht-Ringe unterscheidet die unterschiedlichen Portale voneinander. Sie pulsieren … und es ist eine Art von Fließen zu sehen. Vordergründig sehe ich sie in „eine" Richtung fließen, zoome ich aber mikroskopisch heran, fließen kleine und feine Energie-Fäden auch immer entgegengesetzt. Ich spüre eine Bipolarität.
Jedes Portal hält Bewusstseinssprünge und Energieerhöhungen bereit und befördert jedes BewusstSEIN in eine höhere Schwingung und Wahrnehmungsfrequenz. Ja … und es beginnt jetzt auch langsam (wenn auch in sehr geringer Dosis) das Vergessen alter, dunkler und negativer Erinnerungs-Energien. Jedes Portal ist wie ein Fahrstuhl. Doch wird er einmal betreten, gibt es kein Zurück mehr, weil die neuen Energien mit den alten nicht mehr kompatibel sind.

Jedes Portal kann derzeit von allen Menschen angeschaut, untersucht und betreten werden. Doch ist es kein Aufstiegs-Spiel mehr, sondern eine klare und bewusste Vorbereitung auf weitere Schritte auf dem Weg des Dimensionswandels. Nichts bleibt im Verborgenen … nichts wird vertuscht … nichts retuschiert. Jedes Portal ist bis ins Detail ausgewiesen und unterliegt jeglicher Freiwilligkeit. Es gibt für jedes Portal ein Zeitfenster, bis wann es durchschritten werden muss … die Reihenfolge ist immer individuell. Bis dahin bleibt Zeit zum Überlegen und Entscheiden. Wenn jedoch der erste Schritt nach vorne durch eines der Portale gegangen wird, müssen alle weiteren ebenfalls durchschritten werden.

Die Portale, die ab jetzt durchlaufen werden, lösen eine Art von Kettenreaktion aus. Sei es für die Menschen, als auch für einzelne andere Lebewesen der Erde. Diese Kettenreaktion geschieht. Sowohl beim Betreten und Durchschreiten eines Portals als auch durch den Entschluss, diesen großen Prozess nicht zu durchlaufen. Die große Maschinerie ist in Bewegung … unwiderruflich und unaufhaltsam. Ursache-Wirkung.
Soooooooooooooo und jetzt drängelt sich die geistige Welt dazwischen und möchte reden.

„Wir wissen, dass die Prozesse, die auf der Erde geschehen und im wahrsten Sinne des Wortes „ins Rollen" kommen, zum Teil sehr große Angst in euch hervorrufen und bitte wisst, dass wir in höchstem Maße Verständnis dafür haben.
Diese Portale kündigen einerseits den unaufhaltsamen Dimensionswandel an, der von euch, von uns und dem ganzen Multiversum seit so langer Zeit sehnlichst erwartet wird, doch bedeutet er für euch auch massive Veränderungen, die nicht immer so leicht zu bewerkstelligen scheinen.

Wir sagen bewusst „scheinen", weil jede Veränderung mit einer subjektiven Wahrnehmung verknüpft ist, die mit der objektiven Wahrnehmung nicht immer im Einklang erscheint und umgekehrt.
Die Erde ist voll von sichtbaren und unsichtbaren (feinstofflichen) Aufstiegs-Licht-Helfern, die keine andere Aufgabe haben, als euch und

allen anderen Bewusstseinen der Erde bei jedem anstehenden Schritt zu unterstützen. Sie nehmen euch an die Hand … sie schenken Mut und Zuversicht … sie schützen und besänftigen und hüllen euch ein in kosmisch-göttliche Liebe.

Viele Menschen schwingen aufgrund ihrer Ängste sehr niedrig. Sie zu erreichen ist für uns fast unmöglich. Bitte wisst, dass wir auch hier euer Einverständnis benötigen, um agieren zu können. Der freie Wille ist für uns heilig und unumgänglich. Daher bitten wir euch … wir bitten DICH … sei ein Licht für deine Mitmenschen. Durch jeden Einzelnen von euch können wir sofort wirksam werden, wenn eure Hand ergriffen wird.
Angst braucht niemand von euch zu haben. Ganz gleich, was demnächst geschehen mag. Die Baustelle des Wandels ist gigantisch und von enormer Größe, Bedeutung und nachhaltiger Auswirkung. Aber wer vertraut, erfährt Führung in ungeahntem Ausmaß.

Was ist so besonders an diesem Tag, außer der Vielzahl an Portalen?
Es sind die Ereignisse aufgrund von getroffenen Entscheidungen.

Wir können nicht oft genug wiederholen:
- *Bleibe ganz bei DIR … nur in dir spielt die Musik.*
- *Balanciere dich in jedem Augenblick neu aus.*
- *Sei außer für dich selbst auch ein Licht für andere, die es brauchen.*
- *Werde dir deiner Fähigkeiten und Gaben bewusst … bewusster und noch einmal bewusster.*

Lasse dein Licht so hell scheinen, wie du es noch nie in deinem ganzen Leben getan hast.
Wir sind immer bei dir und geben dir für deinen persönlichen Weg alles, was du brauchst. Es bedarf nichts anderem als zu vertrauen. Dieses Vertrauen bezieht sich auf etwas, das du nicht siehst und auch nicht erwartest. Vertraue …

Der Aufstiegs-Fahrstuhl öffnet die Türen."

Ok … dann machen wird das doch einfach ☺ Ich wünsche euch einen ganz besonderen 21.12.2020. Was auch geschehen mag … und wie sich auch alles weiterentwickeln wird.

Neue Magie in altem Gewand – Neue Seins-Zustände

Weihnachtsbotschaft 2020

Dieses Weihnachten ist befremdlich … anders … merk-würdig … irgendwie neu. Was nehme ich aktuell wahr?

Ich fühle massive Spaltungen. Weihnachten ist ein Anlass … ein Begriff …, an dem man sich nach alter Tradition festzukrallen versucht. Es werden alte Gewohnheiten aus den Kartons gezaubert. Der Verstand sucht ein altes Gefühl, welches Wärme und Halt schenken soll. Doch da ist nur noch so wenig … es ist nur noch ein Schatten … eine Erinnerung.

Vor mir erscheinen Menschen, die wie abhängig und geballt etwas unsichtbarem Altem hinterhereifern. Sie suchen etwas, was sie nicht einmal selbst namentlich benennen können. Der Geist der ehemaligen Weihnacht ist verschwunden. Er hat sich aufgelöst. Zwanghaft wird versucht, ihn zu finden. Es werden Tiere gebraten, unliebsame … teilweise aus einem Zwang heraus gekaufte Geschenke verteilt. Ja … selbst die Liebe hat sich verändert. Gefühle sind nicht greifbar … wollen und werden ignoriert … etwas möchte nicht wahrgenommen werden … nicht gesehen werden. Teilweise spüre ich den Wunsch, etwas Altes herbeizuzwingen. Doch es wird zwischen den offenen Händen zerrinnen, wie warmer trockener Sand. (Ich bitte um Entschuldigung für die auch für mich selbst sehr hart klingenden Worte!!!)

So vieles ist in diesem Jahr geschehen. Mauern sind eingestürzt. Doch alle Versuche der Regierung, Sprungnetze auszulegen, sind gescheitert. Es war ein Jahr des freien Falls. Teilweise haltlos … beispiellos … verrückt – fast schizophren, makaber und ironisch. Die Menschen fragen sich: „Was geschieht hier?"

Es wird ein Halt gesucht, wo kein Halt mehr ist. Und ja, genau das ist gewollt, sagt die geistige Welt. Dieser Halt wird sich verändern … wird sich erneuern. Jetzt übernehmen sie.

„Gehe in die Reflexion darüber, was für dich ***LIEBE*** *bedeutet … womit du* ***Liebe*** *in Verbindung bringst und was Liebe für dich in Bezug auf Weihnachten ausmacht.*

- *Um was für eine Liebe geht es an Weihnachten?*
- *Was für eine Erwartung steckt für dich im Wort „Liebe“, wenn es um Weihnachten geht?*

Die Energie des Wortes „Liebe“ steckt ebenfalls in einem Aufstiegsprozess. Sie verändert sich … wandelt sich … wird aus sich selbst heraus neu geboren.

Das Weihnachtsfest wird sich wandeln. Eure Absicht war immer, ein Fest der Liebe, der Dankbarkeit, der Besinnlichkeit und der Hoffnung zu feiern. Doch die Energien kippten sehr oft schon am Heiligen Abend. Eure Lichter schienen „heller“ in der Zeit der weihnachtlichen Vorbereitung. Doch was hat eure Absicht irgendwann kippen lassen?

Es war die Erwartung … die Erwartung an das Verhalten anderer Menschen … die Erwartung von Wertschätzung … die Erwartung des „gesehen-Werden“ … die Erwartung an euch selbst in eurer höchsten Perfektion und ja, auch die Erwartung an Enttäuschung.
Das ist also eure Definition von Liebe?

Das Wort „Liebe“ wird neben dem Begriff „Glaube“ (wie viele andere Begriffe auch) komplett überarbeitet, neu von euch durchdacht und von euch neu definiert werden. Ihre Inhalte lösen sehr bald schon eine neue Bedeutung in euch aus.

Wenn ihr über ***Liebe*** *sprecht, werdet ihr bald eine* ***kosmische Liebe*** *fühlen, die kein Gefühl, sondern ein „Zustand“ ist … dauerhaft ist.*

Wenn ihr über ***Hoffnung*** *sprecht, sind es keine sehnlichst durchtränkten Wünsche mehr, sondern eine innere Gewissheit.*

Wenn ihr über ***Glaube*** *sprecht, denkt ihr nicht über Vermutungen mehr nach, sondern nehmt IHN (den Glauben) tatsächlich körperlich wahr. Was bedeutet für DICH Glaube?*

Wenn ihr über ***Besinnlichkeit*** *sprecht, ist es keine vorgespielte, geheuchelte Stimmung mehr, sondern sind es Momente tiefster Innenkehr in EUCH selbst. Be-Sinnlichkeit ist Dankbarkeit und bedeutet auch absolute, allumfassende Vereinigung des eigenen SEINS in Verbindung mit der höchsten Ebene jeglicher Existenz. Besinnlichkeit lässt die Gesamtheit jeglicher Fülle erkennen, begreifen und erleben.*
Weihnachten wird es in kurzer Zeit nicht mehr geben. Aber dafür erfahrt ihr Seins-Zustände, die 365 Tage eurer Zeitrechnung anhalten werden. Das Weihnachtsfest der Zukunft ist ein dauerhaftes Fest an das Leben an sich. In gelebter Form höchster Liebe, Zuneigung und Ehrlichkeit … dem Wunsch, anderen Menschen Geschenke zu machen und in jedermann Gefühle der ***Dankbarkeit*** *zu entfachen.*

Wunder sind dann für euch nicht nur ein magischer Abklatschzauber eines kitschigen Weihnachtens, die ihr selbst niemals erfahren werdet, sondern eine gelebte Realität im Alltag.

Wir laden euch ein, dieses Weihnachtsfest so bewusst zu leben, zu beobachten und zu erfahren, wie eben möglich. Geht in die Reflexion seiner Bedeutung für euch … für DICH und spüre in dich hinein, was es für dich bedeutet und welche Bedeutung du ihm zukünftig schenken möchtest. Hast du vielleicht Ideen, wie du schon jetzt dein ganzes Leben zu einem dauerhaften Weihnachten machen könntest? Ein Leben voller ***Zauber****,* ***Glanz****,* ***Hoffnung****,* ***Liebe, Besinnlichkeit*** *und* ***Wunder****? Dann tue es, doch erwarte nicht, dass es mit einer ganzjährigen Weihnachtstasse oder einem Weihnachtsmann im Vorgarten geschehen wird.*

Gehe tiefer … gehe ganz TIEF … fühle … erfahre … SEI.
Auch das altbekannte Weihnachtsfest erfährt einen Abschied. Eine alte Tradition wird sich schon bald in Luft auflösen.

Jaaa … so vieles löst sich auf mit dem Annähern der 5. Dimension und das kostet für jeden von euch sehr viel Mut und Kraft und für jeden von euch zeigt es sich anders … auf eine andere Art.
Daher genießt die nächsten Tage in „altem weihnachtlichem Glanz“. Wir sind bei euch … immer und überall. Wir können nicht einmal nicht bei euch sein.

Wir geben Stefanie noch einmal ein Abschlussbild und sagen: Fühlt euch in höchstem Maße geliebt, beschützt und gesegnet. Es kommt eine so unendlich große und magische Realität auf euch zu. Empfangt sie. Sie gehört euch.“

Ich als Steffi bekomme jetzt Bilder eines riesengroßen Lagerfeuers. Die Sterne funkeln in ihrer hellsten und mannigfaltigsten Form am Himmel und die Luft ist magisch und wie elektrisiert. Wir alle sitzen gemeinsam im Kreis um das Lagerfeuer herum. Hinter und neben uns sitzen dabei unsere Schutzengel, Geistführer, tierischen Begleiter und sämtliche Wesen aus der Elementarebene, … irdischen, geistigen und Fabel-Welt. All ihre Energien treffen hier an diesem Lagerfeuer zusammen.
Ich fühle mich fast wie getragen durch eure und ihre Anwesenheit. Es ist reine Magie am Werk … die Luft knistert und das liegt nicht nur am Lagerfeuer. Jetzt sehe ich, wie jeder von uns allen ein Glas Sekt in der Hand hält und ich wundere mich, warum das nicht erst zu Silvester geschieht. Mir wird gesagt, die Botschaft zu Silvester trägt noch eine andere Energie. Es geht jetzt tatsächlich um etwas anderes. Und DAS soll jeder für sich selbst erfühlen.

Ich empfinde einerseits einen großen Abschied. Es ist wie eine Art Abschiedsfeier. Der Augenblick soll genossen werden … gefeiert werden … sich gegenseitig Glück gewünscht werden UND es soll Dankbarkeit reflektiert werden.
Die Energien werden sich ab diesem Weihnachtsfest verändern. Es ist noch einmal ein Zusammentreffen alter Umstände und Traditionen. Die Energien werden in den nächsten Tagen bis zum Silvester 20/21 noch einmal massiv angehoben werden.

Bereitet euch vor, sagen sie. Wir sollen beginnen zu manifestieren, in Vorbereitung auf die neue Zeit.

Und wieder höre ich die Worte in meinem Kopf:

„Bleibe ganz bei dir – Gib dich hin dem großen Wandel – Genieße das Hier und Jetzt – Erfahre Fülle, Liebe, Hingabe und Dankbarkeit.“

Ihr Lieben alle … ich wünsche euch ein wunderschönes Weihnachtsfest, wie und mit wem, und unter welchen Umständen ihr es auch immer in diesem so besonderen Jahr 2020 verleben werdet. Und jetzt sitzen wir weiter am Lagerfeuer. Jeder ist eingeladen. Feiere mit …

Der Beginn von Wundern und Transformation

Silvesterbotschaft 20/21

„Herzlich willkommen in deinem neuen SEIN des Lebens“

„Hoffnung beginnt genau DANN,
wenn du bereit bist,
an Wunder zu glauben.
Dann öffnen sich neue Türen.“

Mit diesem Satz von der geistigen Welt geht es hinein in die Silvesternacht … hinein in ein magisches und wieder extremes Jahr 2021. Es strömen viele unterschiedliche Energien in mich hinein. Bisher sehe ich sie nur wie Farbstränge … kleine bunte kabelartige Farbstreifen. Jetzt werden sie weicher.
Sie fließen von überall in mich hinein. Die Energien betreffen nicht nur die heutige Nacht, sondern das ganze Jahr 2021 und darüber hinaus. Das Silvester 20/21 ist ein neuer Startschuss in die neue Zeit. Der Reise ohne Wiederkehr und eine Reise voller Wunder und Abschied.

Ich sehe jetzt unterschiedliche Bilder:

Stelle dir vor, du sitzt in einer sternklaren Nacht auf einer freien Wiese … ganz im Dunkeln und für dich ganz alleine. Du hörst Eulen rufen und Fledermäuse fliegen in totaler Stille ihre Bahnen durch den Nachthimmel. Die Luft riecht klar und frisch und doch frierst du nicht.

Plötzlich siehst du, in der Dunkelheit der Nacht, Farben am Himmel erscheinen … sie sind wie feine Nordlichter. Sie ziehen über dir am Himmel entlang und kommen zu dir hinab.

Bewegen sich ganz leicht und einfach, wie Schneeflocken, zur dir hinunter und es kommen immer weitere in unterschiedlichen Farben nach ... setzen sich an und auf deine Aura und werden in sie hineingezogen.

Die Luft beginnt sich anders anzufühlen. Du spürst Veränderungen um dich herum ... dein Körper beginnt zu kribbeln ... es fühlt sich an wie elektrisiert zu sein. Jede Zelle deines Körpers beginnt zu schwingen ... zu tanzen ... zu vibrieren und scheint sich zu öffnen.

Deine Aura wird ganz klar, ganz weit, ganz offen und ganz hell. Das gesamte Energiefeld deines Körpers steht auf „Empfang". Und du brauchst nichts anderes zu tun, als es zuzulassen. Es geschieht automatisch, wenn du dein Einverständnis zum Aufstieg in die 5. Dimension + gegeben hast.

Diese bunten Farbstrahlen kommen jetzt auch aus dem Boden. Sie bohren sich wie dickes, grünes Gras aus ihren Saat-Keimen, aus dem Boden von Mutter Erde ... Überall fließen sie aus dem Boden zu dir hinauf. Auch ihre Farbstrahlen werden von deiner Aura absorbiert.

Deine Aura ist wie das Bindeglied zwischen Himmel und Erde, denn die bunten Energien vom Universum, wie auch von der Erde, docken alle an deiner Aura an. Alles verbindet und vereint sich mit und in DIR. Jetzt sehe ich, wie sich deine Kundalini-Schlange in der Wirbelsäule aufrichtet und sich häutet. Ich fühle ihre Erregung, so, als hätte sie schon eine gefühlte Ewigkeit auf diesen Moment gewartet.

Du bist also energetisch umhüllt und durchzogen von einer Vielzahl von unterschiedlichsten Energien. Dazu kommen noch bunt strahlende Lichtpunkte (wie Glühwürmchen) aus den umliegenden Wäldern und ich fühle, dass jeder fliegende Lichtpunkt mit einem Erden-Bewusstsein erfüllt ist. Auch sie schweben tanzend durch die Luft zu dir und verbinden sich mit deiner Aura.

Dieser Augenblick ist so unendlich magisch … sooooo magisch.

Es fühlt sich so an, als würden unterschiedliche Dinge aktiviert. Das Nervensystem beginnt neu und anders zu schwingen … die Energiebahnen (Meridiane) richten sich neu aus. Die Energieleitungen bekommen eine neue Struktur … eine neue Hülle – sie sind jetzt fester und zeitgleich transparenter. UND sie leuchten fluoreszierend hell und bunt … aus sich selbst heraus ohne Lichtquelle (Biolumineszenz). Hier geschieht gerade ganz viel Magie …

Der Körper gebärt eine Art von neuer Kommunikation und Intelligenz … trägt jetzt eine neue Signifikanz in sich, über die sie sich ausweist.

Ok, wann geschieht dieser „Prozess" … dieses magische Ereignis?

„Eure Lichtkörper werden jetzt auf einer neuen Stufe verändert. Bisher verlief eure Metamorphose grobstrukturierter und bereitet sich jetzt langsam auf die Feinarbeiten vor.

Die Jahre 2021/2022 sind der Beginn von unendlich vielen – in euren Augen – „magischen" Jahren. Es wird so lange für euch „magisch" bleiben, bis die Magie zur gelebten Realität geworden ist. Was euch ab jetzt in unterschiedlichen Abständen und immer sehr individuell erwarten wird, sind Energieerhöhungen, Bewusstseinsanhebungen und viele körperliche Prozesse. Wie ihr an den Bildern, die wir Stefanie gegeben haben, erkennen könnt, wächst der Lichtkörperprozess in ein neues Stadium hinein.
Es wird leider für euch weitere körperliche Beschwerden und Symptome auslösen, die sich aber gut überwinden lassen, wenn du den Mut hast, dich ihnen vollkommen hinzugeben. Wir können nur die Empfehlung aussprechen, in die absolute Annahme zu gehen. Eure Intuition wird euch anleiten, wann es ratsam ist, einen Arzt aufzusuchen und wann die Symptome eine eigene Wandlungsnatur haben und ungefährlich sind. Bitte lasse dich nicht verrückt machen.
Wir wissen, dass ihr es leid seid, euch körperlich krank zu fühlen. Doch leider können wird die Aufstiegssymptome nicht abstellen.

Im kommenden Jahr werden folgende Dinge in den Vordergrund rücken:

- *Der Lichtkörperprozess auf mikroskopischer Ebene*
- *Der Umgang mit euren Gedanken und Wünschen auf einer neuen Quantenebene*
- *Die Fokussierung eurer Gedanken*
- *Ein neuer Umgang mit dem Gesetz der Resonanz*
- *Die Neuausrichtung in beruflicher, existenzieller und alltäglicher Hinsicht*
- *Das Wegbrechen alter Sicherheiten*

Viele von euch haben bereits noch im Jahr 2020 viele Formen der Magie erfahren … Energien gefühlt, Visionen erlebt oder Veränderungen gespürt."

Was ist mit der freiwilligen Entscheidung bei diesen Ankündigungen für 2021?

„Jede Seele hat bereits auf einer anderen Ebene ihre Entscheidung kundgetan und bekräftigt. Die Würfel sind gefallen. Damit meinen wir, die grundsätzliche Entscheidung ist ausgesprochen worden, ob der Aufstieg in die 5. Dimension vollzogen werden möchte."

Was geschieht mit den Menschen, die sich gegen den Aufstieg ausgesprochen haben?

„Das wird dir jetzt nicht gefallen, aber die Anzahl der Menschen, die nicht aufsteigen möchte oder schlichtweg andere Aufgaben beim Aufstiegsprozess verfolgt, ist sehr hoch.
„Denn viele sind berufen, aber wenige sind auserwählt." Kannst du dich an diesen Satz erinnern?" Ja.
„Wir spüren deine Gedanken zu deiner Frage. Bitte vertraue jedem Menschen, dass er ganz genau weiß, was geschehen wird und dass jegliche Form der Wertung ein Produkt deines Verstandes ist. UND traue jedem Menschen … jedem deiner Mitmenschen … zu, dass er seinen ureigenen, individuellen Weg verfolgen wird. Niemand war oder ist fremdbestimmt worden.

Begreife den Aufstieg von einer höheren Warte aus. Den neuen Weg für alle zu bereiten, bedarf einer großen und äußerst präzisen Vorbereitung und einer einzigartigen, konsequenten Hingabe. Energetisch gesehen ist eine 100%ige Reinheit in jeglicher Aussendung unerlässlich, und das schaffen nur wenige Menschen. Sie bereiten den Weg und säen die Samen … sie pflanzen Samen der Magie (eine Quanten-Energie-Matrix) und damit die Samen neuer Möglichkeiten. Alles ausgerichtet auf dem Nährboden des Vertrauens, der bedingungslosen Liebe, der Hoffnung und Motivation, der Positivität und des bedingungslosen Friedens. Die Aufzählung dessen, was ab jetzt immer stärker gesät wird, ist die pure Schöpfung jeglicher Möglichkeiten auf fünfdimensionaler Ebene und darüber hinaus.

Sehr viele von euch haben sich zwar für den Aufstieg ausgesprochen und doch beenden diese die Inkarnation, um sofort nach dem Übergang wieder zu inkarnieren. Die Gründe hierfür sind zu umfangreich, um jetzt näher darauf eingehen zu können. Wir werden zu einem späteren Zeitpunkt darüber berichten. Wisse nur, dass nicht jeder Mensch, der diese Ebene verlassen wird, sich gegen den Aufstieg entschieden hat.

Und … ganz gleich, in welche der möglichen Richtungen das Lebenspendel auch bei jedem einzelnen Menschen schwingen mag, er wird unermesslich geliebt, getragen, geführt und begleitet. Wir differenzieren nicht nach „aufsteigen" oder „nicht aufsteigen" und wir bewerten keine eurer Entscheidungen. Ihr alle seid ein Teil des großen Ganzen, gleich, für welches der Spiele ihr euch entschieden habt. Jeder von euch schreitet in großartiger Weise in seiner Entwicklung voran und wir sehen, dass jeder von euch sein Bestes gibt." Wann, wo und wie geht es für die Menschen weiter, die sich gegen den Aufstieg entschieden haben?

„Das „Wann" geschieht bereits und wird weiterhin innerhalb der nächsten 4 Jahre geschehen. Es sind neue dreidimensionale Möglichkeitsräume geschaffen worden, wo sie sich hinein-inkarnieren werden. Das geschieht auf bereits existierenden Planeten. Ihr Dasein knüpft an parallele Universen mit ähnlicher Realitätsebene an, die jedoch noch keinen Aufstieg in absehbarer Zeit vorgesehen haben und in denen es ihnen bekannte Personen einfach nicht mehr geben wird und auch keinerlei Erinnerung an sie bestehen bleiben.

Die Menschen werden sich auf für euch gewohnte Weise verabschieden. Für sie ist es dann, als hätten sie ihre Augen geschlossen und wären wieder in einem Baby-Bett aufgewacht. Sie erinnern sich nicht an das Geschehene und doch tragen sie die Erfahrung und das Wissen in ihrem Unterbewusstsein mit sich. Und irgendwann, wenn ihr Zeitpunkt des Aufstiegs gekommen ist, wird es erneut aktiviert und dann auch gewollt erwählt und gelebt werden.
Die Neu-Inkarnation in eine alte dreidimensionale Ebene wird vom Ablauf her anders verlaufen, als es beim Neuerwählen einer nächsten Inkarnation bisher üblich war. Der Übergang ist kürzer und fließender.

Vertraue darauf … Alles geschieht, wie von jeder Seele selbst ausgewählt und gewollt. Daher akzeptiert ihre Wahl. Niemand ist deswegen besser oder schlechter. Bitte nehmt die Wertung vollständig heraus und wisst einfach, dass alles seine Richtigkeit hat.
Und doch wissen wir, was für große Prozesse es noch für jeden von euch bereithalten wird. Wir sind in großer Anzahl für euch da und begleiten euch, wenn ihr es zulasst und wünscht.

*Dann wird es noch einzelne besondere Fälle geben, wo sich Menschen einfach aufzulösen scheinen. Sie gehen weiter in die Zukunft (*auf 5D+) *und nehmen ihren irdischen Körper mit. Es wird sich an ein altes Wissen aus der Zukunft erinnert und ins Hier und Jetzt gebracht … in wenigen Jahren. Ihre Aufgaben sind differenzierter und spezieller. Es hat mit dem Heranholen von Technologien aus der Zukunft zu tun, die sehr bald in eurer Realitätsebene existieren werden.*

Wir geben Stefanie jetzt Bilder, die ihr in die neue Zeit des neuen Jahres 2021 mitnehmen könnt.“

Die Energien sind angereichert mit unendlich energetisch potenzierten Möglichkeiten. Ich sitze jetzt wieder auf meiner nächtlichen Wiese und über mir erstrahlen die prachtvollsten Sterne am Himmel.
Sternschnuppen rasen am Firmament entlang … in hellen, langen Bahnen zischen sie über mir hinweg. WIR alle sitzen hier und beobachten die Sterne. Am Himmel sieht man zudem noch

viele unterschiedliche Wurmlöcher und Portale. Der Himmel wird immer bunter … es ist wie ein riesiges Spiel-Paradies-Center für Kinder. Alles ist voller Möglichkeiten und Potenzial. Und … was ich unbedingt noch ergänzen möchte:

Die neuen dreidimensionalen Ebenen sind bedeutend friedlicher und schöner. Sie fühlen sich wie Urlaubs-Leben an. Jeder, der sich für das Weiterleben auf 3D entschieden hat, darf sich ebenso auf das Neue freuen. Denn: Die dunklen Erfahrungsbereiche lichten sich auch dort für eine sehr lange Zeit. Nur besteht hier in meiner Wahrnehmung ein zeitlich limitiertes Licht-Intervall. Ich spüre zunächst eine 4. Dimension auf 3D-Ebene, die sich innerhalb der nächsten Jahrtausende wieder auf 3D reduzieren wird. Dann darf die Menschheit dort wieder für sich neue Entscheidungen treffen.

Die bunten und funkelnden Möglichkeitsräume der Wurmlöcher und Portale betreffen sowohl die 3. Dimension als auch die 4., 5., 6. und 7. Dimension, denn alles steigt mit auf (bis in die höchsten Dimensionen hinein). Je nach getroffener Entscheidung können sie beliebig betreten, durchschritten und genutzt werden (nur die gewählte Grund-Frequenz muss immer kompatibel sein). Aus ihnen können gewollte Energien gezogen werden. Energien, die aus Wünschen eine gelebte Realität werden lassen. An diesem Himmel ist alles mit den höchsten Quanten-Energien durchtränkt. Es ist ein Möglichkeitshimmel der Magie und Wunder. DOCH: Jeder Wunsch hat nur etwas mit sich selbst zu tun. Es geht darum, vollkommen in die Eigenverantwortung zu gehen und bei sich selbst zu bleiben.

Mich erinnert die Stimmung dieser Silvesternacht an Weihnachten. Es wird nicht geknallt und doch hängt der Himmel voller Magie … explodierender Energien … neuer Hoffnung … neuer Möglichkeiten und sie bieten einen Übergang in etwas Neues. Wofür auch immer sich jeder entschieden hat. Es ist die Nacht der großen Wunder. Etwas wird neu geboren … neu erschaffen und ist bereit, sich neu zu entwickeln.

Jetzt kneift mich die geistige Welt in die Seite.
Sie sagen mir noch einmal die sehr wichtigen Worte:

„Bleibe ganz bei dir selbst
Existiere und nimm an, was IST
Deine Wertung entscheidet über Glück oder Leid
Beginne, dir dein neues Leben zu kreieren – erschaffe neu
Ruhe in Vertrauen und Führung,
in Glaube und Sicherheit – immer."

Ich spüre, wie sich die menschlichen Wege immer stärker abzweigen. Die neuen Wege beginnen in einer Art Isolation und wenn sich jeder einzelne Mensch aus sich selbst heraus potenziert und vervollständigt hat, wird wieder alles zu einem Ganzen – zu einer neuen Einheit – verschmelzen. Dieser Prozess ist notwendig. Alles muss sich erst voneinander abspalten (auch hier noch einmal das Durchschreiten des Nadelöhrs), bevor sich das neue Jetzt in der neuen Zeit mit allen neuen Umständen manifestieren kann. Es wird noch einmal alles auseinandergenommen und zerpflückt … geschrotet und zerhackt. Der Prüfstand wird heftig werden. Jeder wird merken, dass der Aufstieg nicht einfach so geschieht.

An dieser Stelle nehme ich ein Nadelöhr der Bewusstseinsebene wahr, das wir im Jahr 2021 durchschreiten werden. Es wird wieder intensiv und herausfordernd werden und das noch einmal auf eine noch andere Art, als wir es bisher in 2020 gewohnt waren.

„Erwarte ALLES im NICHTS. Bleibe bereit und vorbereitet, dich auszudehnen. Es beginnt die Zeit der NEU-FINDUNG. Finde und er-finde dich neu. Das alte ICH beruht auf einem alt frequentierten dreidimensionalen Ego. Dieses alte ICH geht … in unterschiedlichen Bereichen deines gewohnten Seins. Bist du bereit, dich aufzulösen? Lasse es geschehen … habe den Mut … VERTRAUE. Tanke Kraft in Augenblicken der Ruhe. Geschenkt wird dir ein neues Ego

auf kosmischer Ebene. Es denkt allumfassend … schenkend … erschaffend … und liebt umfassend.
WIR sind immer bei DIR."

Uhhhiii … Ich fühle etwas wie einen Countdown … irgendwie verengt sich alles und doch spüre ich zeitgleich extreme Ausdehnung.
Ab jetzt wird jeder Jahreswechsel zu einem „Wünsch' dir was"-Anlass. Ich nehme den Jahreswechsel ab jetzt wie einen höchst schöpferischen Ereignis-Abend wahr. Hier wird aufgeräumt, umgeräumt, ausgemistet und neu erschaffen … alles auf mentaler, feinstofflicher Ebene. Es werden Samen gesät (im übertragenen Sinn), Äcker gepflügt, Unkraut herausgezupft. Das neue Jahr empfinde ich von jetzt an als weiterhin stark manifestierend. Alles erschafft sich aus sich selbst heraus. Mein Gott, was für eine Magie.

Ok, bist auch du bereit?
Wie auch immer für dich das Jahr 2021 werden wird … für welchen Weg, in welcher Form und Dimension du dich auch immer entschieden hast …
Ich wünsche dir den höchsten Segen, die höchste Erfüllung, die höchste Dankbarkeit und die höchste Liebe auf allen Ebenen deiner Existenz im SEIN.

„Werde DU zum Mittelpunkt deines eigenen Universums."

So sei es … und gute Reise.

EPILOG

„Nichts ist mehr, wie es scheint, und aus dem Nichts heraus formt sich alles Neue und nimmt auf magische Weise Gestalt an.

Dein Weg ist bereitet … du läufst auf einem für DICH ausgerollten roten Teppich. Dein Weg ist das Licht … dein Weg ist die Fülle, dein Weg ist die Dankbarkeit und alles basiert auf dem Fundament der Liebe. Wir gehen hinter dir, stärken dir den Rücken und schenken dir Mut und Vertrauen. Wir begleiten dich neben dir und halten deine Hand, damit du nicht fällst. Und wir laufen voran, um Hindernisse aus dem Weg zu räumen.

Du bist uns so bekannt, wie der kostbare Same, der tief in der dunklen Erde auf seinen großen Moment wartet. Und JETZT ist DEIN Augenblick gekommen, dich aus der Dunkelheit zu entlassen und dich der warmen Sonnen entgegen zu strecken. Wachse … richte dich auf … erfahre dich … lebe dich … vervollkommne dich in deiner Ganzheit.

Hole hervor dein Potenzial und zeige dich … manifestiere … und wachse an dir selbst. Habe den Mut, zu leben, was du BIST. Erfinde dich neu und setze dir neue Ziele. Es ist deine einzigartige Energie-Signatur, die du der neuen Welt schenken darfst. Vertraue dir selbst … triff Entscheidungen, werde mutig und pflanze neue Samen. Die Samen deiner Erkenntnis, die Samen deiner Erfahrung und die Samen deiner Liebe. Wir unterstützen dich in deiner individuellen Potenzierung. Bist du bereit für die Geschenke, die wir dir reichen?

Du wirst gesehen!

Lass’ uns die Reise beginnen.

Der Aufstieg geschieht JETZT.“

Das gesamte Material ist voll mit Botschaften, Energieanhebungen und Bewusstseinsöffnungen, die sehr tief in dein Unterbewusstsein hineinreichen. Jede noch so kleine Energie ist eine Saat, die automatisch größte Transformation und Wachstum geschehen lässt, sobald der Augenblick gekommen ist.

Lebe jetzt unbeirrt weiter und wisse um die Saat in dir und in deinem Energiefeld. Sie wird abgerufen.

Ich danke dir für dein kostbares Sein und wünsche dir den höchsten Segen für deine Zukunft. Für welche auch immer du dich entschieden hast. Sei bereit zu empfangen. Die Prozesse laufen und sind in vollem Gang.
Jetzt ... in diesem Augenblick.

Über mich als Autorin

Wenn du mich suchst, findest du mich an ruhigen Orten der Stille und Innenkehr. Ich liebe den Blick auf den Horizont ebenso sehr wie die kosmische Magie eines Waldes. Fast möchte ich sagen: Ich bin alles und nichts. Denn alles darf sein und nichts muss.

Als Stefanie Eichler begann 1971 mein Lebensweg auf der Erde und führte mich über und durch wilde Berg- und Talfahrten. Vorbei an vielen schweren Erfahrungen der Angst, Depression, Drama und Trauma, versagen und wieder aufstehen, einer gescheiterten Ehe und einer chronischen Erkrankung; bis hin zu meinem zweiten Ehemann, 17 Jahre Inselleben auf Borkum, massiven finanziellen Engpässen und einer künstlerischen Freiberuflichkeit.
Beruflich komme ich aus dem medizinischen Bereich und habe mich in 30 Jahren durch viele Aus- und Fortbildungen im psychologischen, spirituellen und medialen Bereich weiterentwickelt. Ich arbeite als Medium, Coach und psychologischer Berater im Psychodrama-Bereich und als Sterbe- und Trauerbegleiterin.

Seit vielen Jahren halte ich Vorträge, Seminare und leite Meditationsgruppen. Heute lebe ich mit meinem Mann und Hund in Schleswig-Holstein auf dem Land.

Als Welten-Wanderin begann für mich durch die Reise in die neue Zeit – die einem Einstieg in einen neuen Lebenszug gleicht – ein Gefühl der Ganzheit, der Sicherheit, der Fülle, ungeahnter Möglichkeiten und der Grenzenlosigkeit. Es zu beschreiben ist mir fast unmöglich.
Ich habe dieses Buch geschrieben, weil ich mich entschieden habe. Entschieden für meine Weite, entschieden für ganz neue Lebenswege, große Ziele und entschieden für ein Leben mit bisher neuen unsichtbaren Freunden, die mich auf höchster Ebene führen und begleiten.
Der geistigen Welt bei ihrer Aufgabe, uns Menschen beim Aufstieg zu unterstützen, helfen zu dürfen, durchflutet mich mit der größten Dankbarkeit. Mein Leben ist zu einem Geschenk für mich geworden.

DANKSAGUNG

An erster Stelle danke ich der geistigen Welt, die mich, neben vielen anderen wunderbaren Medien, als Sprachrohr für ihre Botschaften auserwählt hat. Es macht unendlich viel Spaß, mit ihnen zu arbeiten und ich empfinde tiefste Liebe, Dankbarkeit und Demut für unsere gemeinsame Zeit. Ohne sie hätte dieses Buch niemals entstehen können.
Danke, dass ich euch fühlen darf, danke, dass ihr so rücksichtsvoll mit mir umgeht und danke, dass ich durch euch so viel Führung und Sicherheit erfahre! Ich danke euch wundervollen Wesen und Geschöpfen des höchsten, göttlichen Lichts! Ihr lasst Magie wahrwerden.

Mein höchster Dank und mein Respekt auf irdischer Ebene gehen in allererster Linie an meinen Ehemann. Er schenkt mir die Ruhe und den Raum zum Schreiben und reduziert selbst alle Bedürfnisse auf ein Minimum, damit ich meine Arbeit und Berufung leben kann. Ich danke ihm für seine Liebe, sein Verständnis und seine Unterstützung. Mein Schatz, ich liebe DICH!

Weiter möchte ich mich bei Marisa Schmid bedanken, die mir als mediale Lehrerin geholfen hat, mein Potenzial zu erkennen, UND meinen Studium-Kolleginnen, die mich immer wieder dazu ermutigt haben, ein Buch zu schreiben. Von ihnen allen habe ich wundervolle Botschaften erhalten, die mir den großen Mut geschenkt haben, mich öffentlich zu zeigen. Ihr seid alle – jeder Einzelne von euch – wundervoll und ich wünsche euch ein erfülltes Leben voller Dankbarkeit und Grenzenlosigkeit in jeder Hinsicht. Es war ein einzigartiges Geschenk, das Corona-Jahr 2020 und zeitgleich den Beginn des Aufstiegs gemeinsam mit euch zu erleben. Ihr seid alle fantastisch, bitte vergesst das niemals!

Ich bedanke mich auch bei meiner Mutter, die mir immer Mut zugesprochen und mich dazu motiviert hat, meine Schreibtalente zu zeigen. Sie hat jedes meiner Werke gelesen und als gut befunden. Mama, ich danke dir für deine Liebe und dafür, dass du immer an mich geglaubt hast. Ich liebe DICH!

Danke, dass wir alle gemeinsam diesen großen Beginn des Aufstiegs erleben dürfen!

Ich fühle mich zutiefst mit euch allen verbunden.

Die Autorin

Stefanie Eichler (geboren 1971 in Münster/ Westfahlen, Deutschland) lebte bis 2003 in Bielefeld, bis 2019 auf der Insel Borkum und wirkt seither in Schleswig-Holstein als Autorin, system. Aufstellerin, Lebensbegleiterin bei Sterbe- und Trauerprozessen und als psychologische und spirituelle Beraterin/Coach. Sie hält Vorträge und leitet Workshops und Seminare im Bereich Selbstfindung und Persönlichkeitsentwicklung.

Seit 2020 unterstützt und begleitet Stefanie Eichler als Medium und Aufstiegshelferin die Menschheit durch die Zeiten des großen Wandels und der Bewusstseinstransformation mit Weitergabe gechannelter Botschaften.

Die Autorin lebt mit ihrem Mann und ihrem Hund in Schleswig-Holstein auf dem Land.